SEE IT
and SAY IT
in GERMAN

is one of the Signet language series books especially designed to meet the needs of the beginner. It is a simple and straightforward conversation course that makes learning German fun.

Also available are Signet's SEE IT AND SAY IT IN SPANISH, SEE IT AND SAY IT IN ITALIAN, SEE IT AND SAY IT IN FRENCH, and SEE IT AND SAY IT IN ENGLISH.

SEE IT and SAY IT In GERMAN

by

Margarita Madrigal

and

Inge D. Halpert

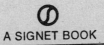

A SIGNET BOOK

NEW AMERICAN LIBRARY

SIGNET TRADEMARK REG. U.S. PAT. OFF. AND FOREIGN COUNTRIES
REGISTERED TRADEMARK—MARCA REGISTRADA
HECHO EN CHICAGO, U.S.A.

SIGNET, SIGNET CLASSIC, MENTOR, ONYX, PLUME, MERIDIAN AND
NAL BOOKS *are published by NAL PENGUIN INC.,*
1633 Broadway, New York, New York 10019

21   22   23   24   25   26   27   28   29

PRINTED IN THE UNITED STATES OF AMERICA

PREFACE

It is so easy for an English speaking person to learn German. In many cases both languages stem from a common root and share "a lingual ancestry." A great number of words in German are similar to or identical with their English equivalents; and many words sound almost alike.

The approach here is **progressive.** From the very beginning, the student is on familiar ground. Many words that are in common use in both languages, that look and sound alike, and that relate to ordinary, everyday situations are used. On so firm a beginning, the student can, with confidence, proceed to more complex sentences. With every step forward he can add to his vocabulary and develop his verbal facility.

Anyone who has ever tried to learn a language by the laborious route of memorizing complex grammar rules, and has had to struggle with the numerous exceptions to these rules, will be pleasantly surprised at how easy it is to learn German with the method used in this book.

Nothing, of course, is done without effort. Nevertheless, with the help of a few simple steps conscientiously followed, learning German can be a pleasure. The method here followed makes the student **want** to learn. Before he has gone very far, before he is even aware of it, he will be **speaking** German. And he will love it.

A unique feature of this book is that each page contains one lesson by itself. Physically, this arrangement makes it easier to work with and to use the book. From the teaching and learning point of view, it is an arrangement that presents each lesson as a separate and complete unit, allowing for quicker and more direct reference.

A Few Suggestions

For the Student—The words and phrases that head each lesson are those to be studied in that lesson. Familiarize yourself with them. When you think you know them, read the rest of the lesson and study it.

The small drawings are there to make studying easier for you. With their help you can avoid doing difficult exercises and frustrating drills. You will be able to understand every word as you go along. If, however, you are in doubt as to the meaning of a word, consult the vocabulary at the end of the book.

The fact that each lesson is on a separate page should be very helpful to you in your studies. Take full advantage of this. At first, there will be a natural tendency for you to "begin at the beginning" and follow through with the lessons in regular order.

After a while, however, you will discover that the arrangement of a separate page for each lesson gives you another way of studying. You will find that you don't necessarily have to start with the first lesson and follow through in sequence. You can start wherever you wish. You can shift back and forth among the lessons; you can go on to a new lesson when you feel ready for it; you can study several lessons simultaneously, and you can keep on reviewing what you have learned, at your own convenience.

For the Teacher—The most important aim of this book is to provide you with a book that will "help you to help your students" master German.

The lessons are so presented that they can be easily adapted for dialogue teaching. You ask the questions and the student will be able to answer them.

As a teacher, you too will find "a lesson a page" a great convenience. This arrangement will help you to plan your lessons in the classroom, to assign homework and to devise tests as you go along.

The grammar section at the end of the book provides a useful list of verbs and exercises. You will find them handy in extending the scope of your teaching.

For Everybody—This book includes a traveler's word list and a pronunciation guide. If you happen to be planning a trip to Germany take advantage of these.

Learn German with this book. Now turn to the first lesson and start speaking in German.

CONTENTS

PRONUNCIATION GUIDE

A	The letter A is pronounced A as in **father** or **what.**
E	The letter E is pronounced E as in **eight** or in **get.**
I	The letter I is pronounced I as in **machine** or in **wind.**
O	The letter O is pronounced O as in **obey** or in **often.**
U	The letter U is pronounced OO as in **root** or in **foot.**
IE	The letters IE are pronounced IE as in **brief.**
EI	The letters EI are pronounced I as in **ice.**
EU	The letters EU are pronounced OY as in **boy.**
AU	The letters AU are pronounced OU as in **house.**
Ä	The letter Ä is pronounced E as in **bed.**
Ö	The letter Ö is pronounced O as in **colonel.**
Ü	Round the lips as if to say OO but say EE instead.
CH	The letters CH are pronounced H as in **hue.**
J	The letter J is pronounced Y as in **yes.**
S	When S is the first letter of a word it is pronounced Z as in **zero.**
	When S is not the first letter of a word it is pronounced S as in **so.**
SCH	The letters SCH are pronounced SH as in **fish.**
ST	When these letters appear at the beginning of a word they are pronounced SHT.
SP	When these letters appear at the beginning of a word they are pronounced SHP.
V	The letter V is pronounced F as in **fish.**
W	The letter W is pronounced V as in **vote.**
Z	The letter Z is pronounced TS as in **hats.**
TH	is pronounced T.

ich gehe, I'm going
ins Hotel, to the hotel

ins, to the
ins Restaurant, to the restaurant

Ich gehe ins Hotel.

Ich gehe ins Restaurant.

Ich gehe ins Theater.

Ich gehe ins Museum.

gehen Sie? are you going?

Gehen Sie ins Hotel?
Are you going to the hotel?

Gehen Sie ins Restaurant?
Are you going to the restaurant?

NOTES: All nouns start with a capital letter in German.
INS is a contraction of **IN DAS** (to the).

9

nicht, not
ich gehe nicht, I'm not
    going
ins Büro, to the office

ins, to the
ins Kino, to the movies
ins Hotel, to the hotel

Ich gehe nicht ins Hotel.

Ich gehe nicht ins Restaurant.

Ich gehe nicht ins Kino.

Ich gehe nicht ins Büro.

Gehen Sie ins Hotel? *Are you going to the hotel?*
Gehen Sie ins Kino? *Are you going to the movies?*
Gehen Sie ins Büro? *Are you going to the office?*
Gehen Sie ins Restaurant? *Are you going to the restaurant?*

gehen Sie? are you going?
ich gehe, I'm going
ja, yes
nein, no

ins, to the
ins Büro, to the office
ins Kaffeehaus, to the coffee shop

Gehen Sie ins Kino?
Ja, ich gehe ins Kino.

Gehen Sie ins Büro?
Ja, ich gehe ins Büro.

Gehen Sie ins Theater?
Ja, ich gehe ins Theater.

Gehen Sie ins Kaffeehaus?
Ja, ich gehe ins Kaffeehaus.

Gehen Sie ins Theater?
Are you going to the theater?
Nein, ich gehe nicht ins Theater. Ich gehe ins Kaffeehaus.
No, I'm not going to the theater. I'm going to the coffee shop.

gehen wir, let's go
ins Kaffeehaus, to the coffee shop

ins, to the
ins Büro, to the office
ins Kino, to the movies

Gehen wir ins Büro.

Gehen wir ins Museum.

Gehen wir ins Kaffeehaus.

Gehen wir ins Kino.

Gehen wir ins Restaurant.
Gehen wir ins Hotel.
Gehen wir ins Theater.

EXERCISE

Translate the following sentences into German:

1. I'm going to the hotel.
2. I'm going to the restaurant.
3. I'm going to the theater.
4. Are you going to the museum?
5. Are you going to the movies?
6. Let's go to the coffee shop.
7. I'm going to the office.
8. Let's go to the restaurant.
9. Are you going to the theater?
10. Let's go to the museum.

Check your sentences with those below:

1. Ich gehe ins Hotel.
2. Ich gehe ins Restaurant.
3. Ich gehe ins Theater.
4. Gehen Sie ins Museum?
5. Gehen Sie ins Kino?
6. Gehen wir ins Kaffeehaus.
7. Ich gehe ins Büro.
8. Gehen wir ins Restaurant.
9. Gehen Sie ins Theater?
10. Gehen wir ins Museum.

ist, is
das, the
das Schiff, the ship

gross, big
das Bett, the bed
das Haus, the house

Das Auto ist gross.

Das Haus ist gross.

Das Bett ist gross.

Das Schiff ist gross.

Das Hotel ist gross. *The hotel is big.*
Das Theater ist gross. *The theater is big.*
Das Museum ist gross. *The museum is big.*
Das Büro ist gross. *The office is big.*

NOTE: DAS (the) is neuter.

der, the
ist, is

gross, big
der Garten, the garden

Der Garten ist gross.

Der Elefant ist gross.

Der Park ist gross.

Der Autobus ist
gross.

Ist der Garten gross? *Is the garden big?*
Ist der Elefant gross? *Is the elephant big?*
Ist der Park gross? *Is the park big?*
Ist der Autobus gross? *Is the bus big?*

NOTE: **DER** (the) is masculine.

der, the (masculine)
ist nicht, is not
der Apfel, the apple

gross, big
der Koffer, the suitcase
der Hut, the hat

Der Hut ist nicht
gross.

Der Ball ist nicht
gross.

Der Koffer ist nicht
gross.

Der Apfel ist nicht
gross.

Ist der Hut gross? *Is the hat big?*
Ist der Ball gross? *Is the ball big?*
Ist der Koffer gross? *Is the suitcase big?*
Ist der Apfel gross? *Is the apple big?*

ist, is

die, the (feminine)

die Maus, the mouse

ist nicht, is not

die Kirche, the church

die Garage, the garage

Die Garage ist gross.

Die Kirche ist gross.

Die Sardine ist nicht gross.

Die Maus ist nicht gross.

Ist die Garage gross?

Is the garage big?

Ist die Kirche gross?

Is the church big?

Ist die Sardine gross?

Is the sardine big?

Nein, die Sardine ist nicht gross.

No, the sardine is not big.

NOTE: **DIE** (the) is feminine.

17

klein, little, small
der Stuhl, the chair
ist, is

die Zigarette, the cigarette
die Uhr, the clock, the watch

Die Lampe ist klein.   Die Uhr ist klein.

Die Zigarette ist klein.   Der Stuhl ist klein.

Ist die Lampe klein? *Is the lamp little?*
Ist die Uhr klein? *Is the clock little?*
Ist der Stuhl klein? *Is the chair small?*
Ja, der Stuhl ist klein. *Yes, the chair is small.*

ist, is

Nein, little, small   **der Hund, the dog**

Der Hund ist klein.   Der Ring ist klein.

Das Glas ist klein.   Das Buch ist klein.

Ist der Ring gross?
Is the ring big?
Nein, der Ring ist nicht gross. Der Ring ist klein.
No, the ring is not big. The ring is little.
Ist das Buch klein?
Is the book little?
Ja, das Buch ist klein.
Yes, the book is little.

gross, big   **klein,** little, small

EXERCISE

Choose the correct word:

1. Das Auto ist (gross, klein).

2. Das Haus ist (gross, klein).

3. Das Schiff ist (gross, klein).

4. Die Maus ist (gross, klein).

5. Der Ring ist (gross, klein). ·

6. Der Elefant ist (gross, klein).

7. Die Uhr ist (gross, klein).

8. Das Glas ist (gross, klein).

The correct answers are on the next page.

Answers to the questions on the previous page:

1. Das Auto ist gross.

2. Das Haus ist gross.

3. Das Schiff ist gross.

4. Die Maus ist klein.

5. Der Ring ist klein.

6. Der Elefant ist gross.

7. Die Uhr ist klein.

8. Das Glas ist klein.

wo ist? where is?
in der Bibliothek, in the library
das Geld, the money

in der Garage, in the garage
in der Bank, in the bank
das Buch, the book

in der Stadt, in the city

Wo ist das Auto?
Das Auto ist in der
Garage.

Wo ist das Hotel?
Das Hotel ist in der
Stadt.

Wo ist das Buch?
Das Buch ist in der
Bibliothek.

Wo ist das Geld?
Das Geld ist in der
Bank.

Wo ist der Autobus?
Der Autobus ist in der Garage.

wo ist? where is?   im, in the
m Büro, at the office   der Vater, father
m Haus, in the house   die Mutter, mother

Wo ist die Mutter?
Die Mutter ist im
   Haus.

Wo ist der Vater?
Der Vater ist im
   Büro.

Wo ist Peter?
Peter ist im Park.

Wo ist der Tourist?
Der Tourist ist im
   Hotel.

NOTES: **IM** is a contraction of **IN DEM** (in the).
VATER is pronounced **FATER**. Remember that the letter V is pronounced **F.**

gut, good   **der Apfel,** the apple
ist, is   **die Apfelsine,** the orange
die Aprikose, the apricot   **die Banane,** the banana

Ist der Apfel gut?   Ist die Banane gut?
Ja, der Apfel ist gut.   Ja, die Banane ist
         gut.

Ist die Aprikose gut?   Ist die Apfelsine
Ja, die Aprikose ist   gut?
   gut.   Ja, die Apfelsine ist
         gut.

sehr, very
Der Apfel ist sehr gut.
Die Aprikose ist sehr gut.
Die Banane ist sehr gut.
Die Apfelsine ist sehr gut.
Das Obst ist gut. *The fruit is good.*

was ist? what is?
ein Tier, an animal
das Pferd, the horse

der Hund, the dog
die Katze, the cat
die Kuh, the cow

Was ist die Kuh?
Die Kuh ist ein Tier.

Was ist das Pferd?
Das Pferd ist ein Tier.

Was ist die Katze?
Die Katze ist ein Tier.

Was ist der Hund?
Der Hund ist ein Tier.

Der Tiger ist ein Tier.
Die Giraffe ist ein Tier.

schön, pretty
ist, is
die Rose, the rose

die Tulpe, the tulip
die Nelke, the carnation
das Veilchen, the violet

Ist die Rose schön?
Ja, die Rose ist
   schön.

Ist die Tulpe schön?
Ja, die Tulpe ist
   schön.

Ist die Nelke schön?
Ja, die Nelke ist
   schön.

Ist das Veilchen
   schön?
Ja, das Veilchen ist
   schön.

eine Blume, a flower
Die Rose ist eine Blume.
Die Tulpe ist eine Blume.
Die Nelke ist eine Blume.
Das Veilchen ist eine Blume.

was ist? what is?
ein Gemüse, a vegetable
die Tomate, the tomato

die Kartoffel, the potato
der Salat, lettuce, salad
der Blumenkohl, the
    cauliflower

Was ist die Tomate?
Die Tomate ist ein
    Gemüse.

Was ist die Kartoffel?
Die Kartoffel ist ein
    Gemüse.

Was ist der Salat?
Der Salat ist ein
    Gemüse.

Was ist der
    Blumenkohl?
Der Blumenkohl ist
    ein Gemüse.

rot, red
Ist die Tomate rot? *Is the tomato red?*
Ja, die Tomate ist rot. *Yes, the tomato is red.*
Ist der Salat rot? *Is lettuce red?*
Nein, der Salat ist nicht rot. *No, lettuce is not red.*

gut, good   **schön,** pretty

EXERCISE

Answer the following questions:

1. Ist die Banane gut?

2. Ist der Apfel gut?

3. Was ist die Katze?

4. Was ist die Kuh?

5. Ist die Rose schön?

6. Ist die Tulpe schön?

7. Was ist die Tomate?

8. Was ist der Salat?

The correct answers are on the next page.

Answers to the questions on the previous page:

1. Ja, die Banane ist gut.

2. Ja, der Apfel ist gut.

3. Die Katze ist ein Tier.

4. Die Kuh ist ein Tier.

5. Ja, die Rose ist schön.

6. Ja, die Tulpe ist schön.

7. Die Tomate ist ein Gemüse.

8. Der Salat ist ein Gemüse.

WHAT TO SAY TO THE WAITER
OR TO THE DOORMAN

bitte, please
die Rechnung, the check
ein Glas Wasser, a glass
  of water

Rostbraten, roast beef
Zucker, sugar
Kellner, waiter

Rostbraten, bitte.   Die Rechnung, bitte.

Ein Glas Wasser,   Zucker, bitte.
  bitte.

Salz, bitte. *Salt, please.*
Ein Taxi, bitte. *A taxi, please.*
Eine Tasse Kaffee, bitte. *A cup of coffee, please.*

When you wish to call the waiter say: **Kellner, bitte.**

Guten Tag. Hello. (Good day).
Guten Morgen. Good morning.
Guten Abend. Good evening.
Gute Nacht. Good night.
Auf Wiedersehen. Good-bye. See you again.
Wie geht es Ihnen? How are you?
Danke, gut, und Ihnen? Well, thank you,
and you?

Danke. Thank you.
Bitte. Please. You are welcome.
Entschuldigen Sie. Excuse me.
Es freut mich. Pleased to meet you.
Gern. Gladly. With pleasure.

haben Sie? have you?
ich habe, I have

Brot, bread
ja, yes

Haben Sie Butter?
Ja, ich habe Butter.

Haben Sie Zucker?
Ja, ich habe Zucker.

Haben Sie Brot?
Ja, ich habe Brot.

Haben Sie Milch?
Ja, ich habe Milch.

Haben Sie Geld? *Do you have money?*
Ja, ich habe Geld. *Yes, I have money.*

kein, not any

Ich habe kein Geld. *I haven't any money.*
Ich habe kein Brot. *I haven't any bread.*

haben Sie? have you?
ich habe, I have

einen, a (masc.)
Koffer, suitcase

einen Hund, a dog

Haben Sie einen
Hund?
Ja, ich habe einen
Hund.

Haben Sie einen
Schirm?
Ja, ich habe einen
Schirm.

Haben Sie einen
Koffer?
Ja, ich habe einen
Koffer.

Haben Sie einen
Mantel?
Ja, ich habe einen
Mantel.

keinen, not a, not any (masc.)
Ich habe keinen Hut. *I haven't a hat.*
Ich habe keinen Schirm. *I haven't an umbrella.*
Ich habe keinen Mantel. *I haven't a coat.*

haben Sie? have you?
ich habe, I have
Schwester, sister

eine, a (fem.)
Zeitung, newspaper
Schreibmaschine,
    typewriter

Haben Sie eine
    Gitarre?
Ja, ich habe eine
    Gitarre.

Haben Sie eine
    Schwester?
Ja, ich habe eine
    Schwester.

Haben Sie eine
    Zeitung?
Ja, ich habe eine
    Zeitung.

Haben Sie eine
    Schreibmaschine?
Ja, ich habe eine
    Schreibmaschine.

keine, not a, not any (fem.)
Ich habe keine Zigarette. *I haven't a cigarette.*
Ich habe keine Uhr. *I haven't a watch.*
Ich habe keine Katze. *I haven't a cat.*

haben Sie? have you?
ich habe, I have
Klavier, piano

ein, a (neut.)
Handtuch, towel
Fahrrad, bicycle

Haben Sie ein Klavier?
Ja, ich habe ein
Klavier.

Haben Sie ein
Fahrrad?
Ja, ich habe ein
Fahrrad.

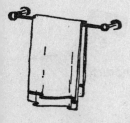

Haben Sie ein
Handtuch?
Ja, ich habe ein
Handtuch.

Haben Sie ein Radio?
Ja, ich habe ein Radio.

kein, not a, not any (neut.)
Ich habe kein Radio. *I haven't a radio.*
Ich habe kein Auto. *I haven't a car.*
Ich habe kein Haus. *I haven't a house.*

haben Sie? have you?

EXERCISE

Answer the following questions:

1. Haben Sie einen Hund?

2. Haben Sie einen Schirm?

3. Haben Sie Zucker?

4. Haben Sie Geld?

5. Haben Sie ein Handtuch?

6. Haben Sie ein Radio?

7. Haben Sie eine Gitarre?

8. Haben Sie eine Zeitung?

The correct answers are on the next page.

Answers to the questions on the previous page:

1. Ja, ich habe einen Hund.

2. Ja, ich habe einen Schirm.

3. Ja, ich habe Zucker.

4. Ja, ich habe Geld.

5. Ja, ich habe ein Handtuch.

6. Ja, ich habe ein Radio.

7. Ja, ich habe eine Gitarre.

8. Ja, ich habe eine Zeitung.

Ich habe Zeit. I have time.

Ich habe keine Zeit. I haven't time.

Ich habe Besuch. I have company.

Ich habe eine Erkältung. I have a cold.

Ich habe Hunger. I'm hungry. (I have hunger.)

Ich habe Durst. I'm thirsty.

Ich habe Kopfweh. I have a headache.

Ich habe recht. I am right.

Sie haben recht. You are right.

Sie haben nicht recht. You are wrong.

Was haben Sie hier? What have you here?

Haben Sie Feuer? Have you a match? (fire)

Haben Sie eine Verabredung? Have you an appointment?

I have	**ich habe**	**wir haben**	we have
you have	**Sie haben**	**Sie haben**	you (pl.) have
he has	**er hat**	**sie haben**	they have
she has	**sie hat**		
it has	**es hat**		

haben sie? have they?
sie haben, they have

Terrasse, terrace
Garten, garden

Haben sie ein Haus?
Ja, sie haben ein
   Haus.

Haben sie eine
   Terrasse?
Ja, sie haben eine
   Terrasse.

Haben sie einen
   Garten?
Ja, sie haben einen
   Garten.

Haben sie ein
   Grammophon?
Ja, sie haben ein
   Grammophon.

Sie haben eine Garage. *They have a garage.*
Sie haben ein Büro. *They have an office.*

Ich habe gekauft, I bought (I have bought)
Anzug, suit   **einen, eine,** a, an
Ich habe einen Hut gekauft. I bought a hat.
  (I have a hat bought.)

Ich habe einen Hut
    gekauft.

Ich habe einen Mantel
    gekauft.

Ich habe einen Anzug
    gekauft.

Ich habe eine Uhr
    gekauft.

ich habe gekauft, I bought
Sie haben gekauft, you bought
er hat gekauft, he bought
sie hat gekauft, she bought
wir haben gekauft, we bought
sie haben gekauft, they bought

haben Sie gekauft? did you buy? (have you bought?)
ich habe gekauft, I bought (I have bought)
Seife, soap   **Brot,** bread
Haben Sie Butter gekauft? Did you buy butter?
   (Have you butter bought?)

Haben Sie Butter
  gekauft?
Ja, ich habe Butter
  gekauft.

Haben Sie Seife
  gekauft?
Ja, ich habe Seife
  gekauft.

Haben Sie Milch
  gekauft?
Ja, ich habe Milch
  gekauft.

Haben Sie Brot
  gekauft?
Ja, ich habe Brot
  gekauft.

Er hat Seife gekauft. *He bought soap.*
Sie hat Butter gekauft. *She bought butter.*
Wir haben Brot gekauft. *We bought bread.*
Sie haben Milch gekauft. *They bought milk.*

haben Sie gekauft? did you buy? (have you bought?)
ich habe gekauft, I bought (I have bought)

Kleid, dress

Hemd, shirt **Bluse,** blouse

Haben Sie ein Hemd gekauft? Did you buy a shirt?
(Have you a shirt bought?)

Haben Sie ein Hemd gekauft?
Ja, ich habe ein Hemd gekauft.

Haben Sie ein Kleid gekauft?
Ja, ich habe ein Kleid gekauft.

Haben Sie einen Hut gekauft?
Ja, ich habe einen Hut gekauft.

Haben Sie eine Bluse gekauft?
Ja, ich habe eine Bluse gekauft.

Er hat eine Krawatte gekauft. *He bought a tie.*
Wir haben ein Auto gekauft. *We bought a car.*
Sie haben ein Haus gekauft. *They bought a house.*

ich habe gekauft, I bought (I have bought)
Zeitung newspaper   **Schokolade,** chocolate
Ich habe ein Buch gekauft. I bought a book.
   (I have a book bought.)

Ich habe ein Buch
gekauft.

Ich habe eine Zeitung
gekauft

Ich habe Schokolade
gekauft.

Ich habe Zigaretten
gekauft

Haben Sie eine Zeitung gekauft?
Did you buy a newspaper?
Haben Sie Zigaretten gekauft?
Did you buy cigarettes?
Haben Sie ein Buch gekauft?
Did you buy a book?

Ich habe Kaffee gemacht. I made coffee.
  (I have coffee made.)

Tee, tea
Salat, salad

Suppe, soup
Sie, you

Ich habe Kaffee
  gemacht.

Ich habe Tee
  gemacht.

Ich habe Suppe
  gemacht.

Ich habe Salat
  gemacht.

Haben Sie Kaffee gemacht? *Did you make coffee?*
Haben Sie Tee gemacht? *Did you make tea?*
Haben Sie Suppe gemacht? *Did you make soup?*
Haben Sie Salat gemacht? *Did you make a salad?*

Haben Sie Limonade gemacht? Did you make lemonade? (Have you lemonade made?)

ruchtsalat, fruit salad   **Kakao,** chocolate (drink)

Haben Sie Limonade
   gemacht?
Ja, ich habe Limonade
   gemacht.

Haben Sie Toast
   gemacht?
Ja, ich habe Toast
   gemacht.

Haben Sie Fruchtsalat
   gemacht?
Ja, ich habe
   Fruchtsalat
   gemacht.

Haben Sie Kakao
   gemacht?
Ja, ich habe Kakao
   gemacht.

ich habe gemacht, I made, I have made
Sie haben gemacht, you made, you have made
er hat gemacht, he made, he has made
sie hat gemacht, she made, she has made
es hat gemacht, it made, it has made
wir haben gemacht, we made, we have made
sie haben gemacht, they made, they have made

haben Sie gekauft? did you buy?
haben Sie gemacht? did you make?

EXERCISE

Answer the following questions:

1. Haben Sie Butter gekauft?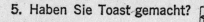

2. Haben Sie Milch gekauft?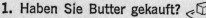

3. Haben Sie eine Bluse gekauft?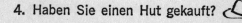

4. Haben Sie einen Hut gekauft?

5. Haben Sie Toast gemacht?

6. Haben Sie Kaffee gemacht?

7. Haben Sie Tee gemacht?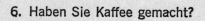

8. Haben Sie Suppe gemacht?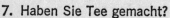

The correct answers are on the next page.

Answers to the questions on the previous page:

1. Ja, ich habe Butter gekauft.

2. Ja, ich habe Milch gekauft.

3. Ja, ich habe eine Bluse gekauft.

4. Ja, ich habe einen Hut gekauft.

5. Ja, ich habe Toast gemacht.

6. Ja, ich habe Kaffee gemacht.

7. Ja, ich habe Tee gemacht.

8. Ja, ich habe Suppe gemacht.

ich will, I want **essen,** to eat
ich will schwimmen, **tanzen,** to dance
   I want to swim **wollen Sie?** do you want
    ich will tanzen, I want to dance

Ich will essen.

Ich will schwimmen.

Ich will singen.

Ich will tanzen.

Wollen Sie tanzen? *Do you want to dance?*
Wollen Sie essen? *Do you want to eat?*
Wollen Sie singen? *Do you want to sing?*
Wollen Sie schwimmen? *Do you want to swim?*

kaufen, to buy
ich will kaufen, I want
to buy
Ich will einen Koffer kaufen. I want to buy a suitcase.
(I want a suitcase to buy.)

einen Schirm, an
umbrella
eine Pfeife, a pipe

Ich will einen Koffer
kaufen.

Ich will einen Schirm
kaufen.

Ich will einen Hut
kaufen.

Ich will eine Pfeife
kaufen.

ich will, I want
Sie wollen, you want
er will, he wants
sie will, she wants
es will, it wants
wir wollen, we want
sie wollen, they want

Wollen Sie einen Koffer kaufen?
Do you want to buy a suitcase?
(Do you want a suitcase to buy?)

Wollen Sie ein Haus kaufen? Do you want to buy a house? (Do you want a house to buy?)

Ich will ein Haus kaufen. I want to buy a house. (I want a house to buy.)

Blumen, flowers   **ja,** yes

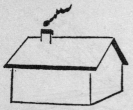

Wollen Sie ein Haus kaufen?
Ja, ich will ein Haus kaufen.

Wollen Sie Blumen kaufen?
Ja, ich will Blumen kaufen.

Wollen Sie ein Radio kaufen?
Ja, ich will ein Radio kaufen.

Wollen Sie ein Auto kaufen?
Ja, ich will ein Auto kaufen.

Wollen Sie ein Haus kaufen?
Do you want to buy a house?
Nein, ich will kein Haus kaufen.
No, I don't want to buy a house.
(No, I want not a house to buy.)

wollen Sie? do you want? **das Boot,** the boat
ich will, I want **das Haus,** the house
verkaufen, to sell **das Fahrrad,** the bicycle
Wollen Sie das Haus verkaufen? Do you want to sell
the house? (Do you want the house to sell?)

Wollen Sie das Haus
    verkaufen?
Ja, ich will das Haus
    verkaufen.

Wollen Sie das Boot
    verkaufen?
Ja, ich will das Boot
    verkaufen.

Wollen Sie das Auto
    verkaufen?
Ja, ich will das Auto
    verkaufen.

Wollen Sie das
    Fahrrad verkaufen?
Ja, ich will das
    Fahrrad verkaufen.

Peter will das Auto verkaufen.
Peter wants to sell the car.
Peter will das Fahrrad verkaufen.
Peter wants to sell the bicycle.

wollen Sie? do you want? **hören,** to hear, to listen
ich will, I want **spielen,** to play
fahren, to drive **bringen,** to bring
Karten, cards **sprechen,** to speak
Paket, package **lernen,** to learn
deutsch, German

 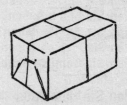

Wollen Sie das Auto Wollen Sie das Paket
    fahren?   bringen?
Ja, ich will das Auto Ja, ich will das Paket
    fahren.   bringen.

Wollen Sie Radio Wollen Sie Karten
    hören?   spielen?
Ja, ich will Radio Ja, ich will Karten
    hören.   spielen.

Wollen Sie deutsch lernen?
Wollen Sie deutsch sprechen?
Wollen Sie englisch lernen?
Wollen Sie englisch sprechen?

ich will, I want **wollen Sie?** do you want?
 wollen Sie haben? will you have?

Wollen Sie Kaffee haben? Will you have some coffee?
(Will you coffee have?)

Wollen Sie Tee haben? Will you have some tea?

Wollen Sie Zucker haben? Will you have some sugar?

Wollen Sie Milch haben? Will you have some milk?

Wollen Sie Sahne haben? Will you have some cream?

Wollen Sie Fleisch haben? Will you have some meat?

Wollen Sie Gemüse haben? Will you have some
vegetables?

Wollen Sie Kartoffeln haben? Will you have some
potatoes?

Wollen Sie eine Zigarette haben? Will you have a
cigarette?

Wollen Sie ins Kino gehen? Do you want to go to the
movies?

Wollen Sie ins Restaurant gehen? Do you want to go
to the restaurant?

Wollen Sie ins Theater gehen? Do you want to go to
the theater?

Wollen Sie ins Museum gehen? Do you want to go to
the museum?

Wollen Sie ins Kaffeehaus gehen? Do you want to go
to the coffee shop?

Wollen Sie ins Büro gehen? Do you want to go to the
office?

Wollen Sie nach Hause gehen? Do you want to go
home?

Wollen Sie mit mir gehen? Do you want to go with me?

Wollen Sie mit mir ins Kino gehen? Do you want to
go to the movies with me?

Wollen Sie mit mir kommen? Do you want to come
with me?

wollen Sie? do you want?   **kaufen,** to buy

EXERCISE

Answer the following questions:

1. Wollen Sie schwimmen?

2. Wollen Sie singen?

3. Wollen Sie tanzen?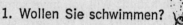

4. Wollen Sie einen Koffer kaufen?

5. Wollen Sie einen Hut kaufen?

6. Wollen Sie ein Radio kaufen?

7. Wollen Sie ein Auto kaufen?

8. Wollen Sie Blumen kaufen?

The correct answers are on the next page.

Answers to the questions on the previous page:

1. Ja, ich will schwimmen.

2. Ja, ich will singen.

3. Ja, ich will tanzen.

4. Ja, ich will einen Koffer kaufen.

5. Ja, ich will einen Hut kaufen.

6. Ja, ich will ein Radio kaufen.

7. Ja, ich will ein Auto kaufen.

8. Ja, ich will Blumen kaufen.

das Kind, the child   **die Blume,** the flower
die Kinder, the children   **die Blumen,** the flowers
der Mann, the man   **die Frau,** the woman
die Männer, the men   **die Frauen,** the women

das Kind   die Kinder

der Mann   die Männer

die Blume   die Blumen

die Frau   die Frauen

NOTE: The plural of **DAS, DER, DIE** (the) is **DIE** (the).

sind, are (plural) **klein,** small, little
die Katze, the cat **das Kind,** the child
die Katzen, the cats **die Kinder,** the children
die Platte, the record **das Buch,** the book
die Platten, the records **die Bücher,** the books

Die Katze ist klein.

Die Katzen sind klein.

Die Platte ist klein.

Die Platten sind klein.

Das Kind ist klein.

Die Kinder sind klein.

Das Buch ist klein.

Die Bücher sind klein.

Ist die Katze klein? *Is the cat little?*
Sind die Katzen klein? *Are the cats little?*

ist, is

die Rose, the rose
die Rosen, the roses
der Bleistift, the pencil
die Bleistifte, the pencils
die Feder, the pen, the
  feather

sind, are

die Zigarette, the
  cigarette
die Zigaretten, the
  cigarettes
die Federn, the pens,
  the feathers

Ist die Rose klein?
Ja, die Rose ist klein.

Sind die Rosen klein?
Ja, die Rosen sind klein.

Ist die Zigarette klein?
Ja, die Zigarette ist
  klein.

Sind die Zigaretten
  klein?
Ja, die Zigaretten sind
  klein.

Ist der Bleistift klein?
Ja, der Bleistift ist
  klein.

Sind die Bleistifte klein?
Ja, die Bleistifte sind
  klein.

Ist die Feder klein?
Ja, die Feder ist klein.

Sind die Federn klein?
Ja, die Federn sind
  klein.

ist, is
sind, are
und, and
die Drogerie,
   the drug store

in der Kirche, in (the)
   church
in der Bibliothek, in the
   library
Mechaniker, mechanic,
   mechanics

Marie ist in der
   Kirche.
Marie und Peter sind
   in der Kirche.

Peter ist in der
   Bibliothek.
Peter und Karl sind in
   der Bibliothek.

Der Mechaniker ist in
   der Garage.
Die Mechaniker sind
   in der Garage.

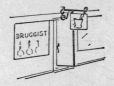

Marie ist in der
   Drogerie.
Marie und Karl sind in
   der Drogerie.

ich bin, I am
Sie sind, you are
er ist, he is
sie ist, she is
es ist, it is
wir sind, we are
sie sind, they are

Wo ist Peter? *Where is Peter?*
Wo sind Peter und Karl? *Where are Peter and Karl?*

ist, is   **sind,** are
das Schiff, the ship   **das Auto,** the car
die Schiffe, the ships   **die Autos,** the cars
der Zug, the train   **gross,** big, large
die Züge, the trains

Ist das Schiff gross?   Sind die Schiffe gross?
Ja, das Schiff ist gross.   Ja, die Schiffe sind
                            gross.

Ist der Zug gross?   Sind die Züge gross?
Ja, der Zug ist gross.   Ja, die Züge sind
                            gross.

Ist das Auto gross?   Sind die Autos gross?
Ja, das Auto ist gross.   Ja, die Autos sind
                            gross.

ist teuer, is expensive
die Handtasche, the purse
die Platte, the record
die Feder, the pen, the feather

ist nicht teuer, is not expensive
diese, this (fem.)

Diese Handtasche ist teuer.

Diese Platte ist teuer.

Diese Bluse ist teuer.

Diese Feder ist teuer.

Diese Handtaschen sind teuer.
These purses are expensive.
Diese Platten sind teuer.
These records are expensive.
Ist diese Handtasche teuer?
Is this purse expensive?
Ist diese Platte teuer?
Is this record expensive?
Ist diese Bluse teuer?
Is this blouse expensive?
Ist diese Feder teuer?
Is this pen expensive?
Nein, diese Feder ist nicht teuer.
No, this pen is not expensive.

klein, small   **gross,** big
ist, is   **sind,** are
       wo, where

EXERCISE

Answer the following questions:

1. Ist das Schiff gross?

2. Ist der Zug gross?

3. Ist das Auto gross?

4. Ist die Rose klein?

5. Sind die Rosen klein?

6. Sind die Federn klein?

7. Sind die Zigaretten klein?

8. Wo ist der Mechaniker?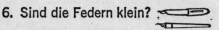

The correct answers are on the next page.

ist, is
sind, are

klein, small, little
gross, big, large

Answers to the questions on the previous page:

1. Ja, das Schiff ist gross.

2. Ja, der Zug ist gross.

3. Ja, das Auto ist gross.

4. Ja, die Rose ist klein.

5. Ja, die Rosen sind klein.

6. Ja, die Federn sind klein.

7. Ja, die Zigaretten sind klein.

8. Der Mechaniker ist in der Garage.

Es ist gut.
It's good.

Sie sind gut.
They are good.

Es ist interessant.
It's interesting.

Sie sind interessant.
They are interesting.

Es ist wunderbar.
It's wonderful.

Sie sind wunderbar.
They are wonderful.

Es ist fantastisch.
It's fantastic.

Sie sind fantastisch.
They are fantastic.

Es ist schlecht.
It's bad.

Sie sind schlecht.
They are bad.

Es ist schrecklich.
It's terrible.

Sie sind schrecklich.
They are terrible.

Es ist wichtig.
It's important.

Sie sind wichtig.
They are important.

Es ist wunderschön.
It's beautiful.

Sie sind wunderschön.
They are beautiful.

Das ist gut.
That is good.

Das ist interessant.
That is interesting.

Das ist wunderbar.
That is wonderful.

Das ist schlecht.
That is bad.

Er ist glücklich.
He is happy.

Sie ist glücklich.
She is happy.

Er ist müde.
He is tired.

Sie ist müde.
She is tired.

Er ist beschäftigt.
He is busy.

Sie ist beschäftigt.
She is busy.

Er ist krank.
He is sick.

Sie ist krank.
She is sick.

Er ist fertig.
He is ready.

Sie ist fertig.
She is ready.

Er ist allein.
He is alone.

Sie ist allein.
She is alone.

Ich bin beschäftigt.
I am busy.

Ich bin müde.
I am tired.

Ich bin fertig.
I am ready.

Sind Sie fertig?
Are you ready?

wo ist? where is?
im, in the
im Hotel, in the hotel

im Haus, in the house
im Büro, in the office
im Garten, in the garden

Wo ist Karl?
Karl ist im Hotel.

Wo ist Marie?
Marie ist im Haus.

Wo ist Peter?
Peter ist im Büro.

Wo ist Eva?
Eva ist im Garten.

sein, to be

I am	ich bin	wir sind	we are
you are	Sie sind	Sie sind	you are
he is	er ist	sie sind	they are
she is	sie ist		
it is	es ist		

NOTE: IM (in the) is masculine or neuter.

wo ist? where is?
die Sahne, the cream
der Teller, the plate
das Glas, the glass

auf dem, on the
(masc., neuter)
auf dem Tisch, on the
table

Der Kaffee ist auf
dem Tisch.

Die Sahne ist auf dem
Tisch.

Der Teller ist auf
dem Tisch.

Das Glas ist auf dem
Tisch.

Wo ist der Kaffee? *Where is the coffee?*
Wo ist die Sahne? *Where is the cream?*
Wo ist der Teller? *Where is the plate?*
Wo ist das Glas? *Where is the glass?*

wo ist? where is?
die Tasse, the cup
die Gabel, the fork
der Löffel, the spoon
das Messer, the knife

auf dem, on the (masc., neuter)
auf dem Tisch, on the table

Wo ist die Tasse?
Die Tasse ist auf dem Tisch.

Wo ist die Gabel?
Die Gabel ist auf dem Tisch.

Wo ist der Löffel?
Der Löffel ist auf dem Tisch.

Wo ist das Messer?
Das Messer ist auf dem Tisch.

Wo ist der Tee? *Where is the tea?*
Der Tee ist auf dem Tisch.

Wo ist die Milch? *Where is the milk?*
Die Milch ist auf dem Tisch.

Wo ist? where is?
er Ofen, the stove
er Topf, the pot
ie Pfanne, the frying pan
er Krug, the pitcher

in der, in the (fem.)
in der Küche, in the kitchen
der Kühlschrank, the refrigerator

Wo ist der Ofen?
Der Ofen ist in der Küche.

Wo ist die Pfanne?
Die Pfanne ist in der Küche.

Wo ist der Kühlschrank?
Der Kühlschrank ist in der Küche.

Wo ist der Topf?
Der Topf ist auf dem Ofen.

Der Krug ist auf dem Tisch. *The pitcher is on the table.*
Der Krug ist in der Küche. *The pitcher is in the kitchen.*

69

wo ist? where is?   **das Tischtuch,** the
im Esszimmer, in the   tablecloth
dining room   **die Serviette,** the napkin
der Stuhl, the chair

Wo ist der Tisch?
Der Tisch ist im
Esszimmer.

Wo ist der Stuhl?
Der Stuhl ist im
Esszimmer.

Wo ist das Tischtuch?
Das Tischtuch ist im
Esszimmer.

Wo ist die Serviette?
Die Serviette ist im
Esszimmer.

wo ist? where is?
im Wohnzimmer, in the
living room

das Sofa, the sofa
der Sessel, the armchair
der Fernsehapparat, the
television

Wo ist das Sofa?
Das Sofa ist im
Wohnzimmer.

Wo ist der Sessel?
Der Sessel ist im
Wohnzimmer.

Wo ist das Telephon?
Das Telephon ist im
Wohnzimmer.

Wo ist der
Fernsehapparat?
Der Fernsehapparat ist
im Wohnzimmer.

Wo ist die Uhr?
Where is the clock?
Die Uhr ist im Wohnzimmer.
The clock is in the living room.

71

wo ist? where is?
im Schlafzimmer, in the bedroom

die Lampe, the lamp
das Bett, the bed
der Nachttisch, the night table

Wo ist die Lampe?
Die Lampe ist im
  Schlafzimmer.

Wo ist das Bett?
Das Bett ist im
  Schlafzimmer.

Wo ist das Radio?
Das Radio ist im
  Schlafzimmer.

Wo ist der Nachttisch?
Der Nachttisch ist im
  Schlafzimmer.

Das Telephon ist im Schlafzimmer.
The telephone is in the bedroom.
Die Mutter ist im Schlafzimmer.
Mother is in the bedroom.

wo ist? where is?
im Badezimmer, in the bathroom
die Brause, the shower

das Handtuch, the towel
die Seife, the soap
die Badewanne, the bathtub

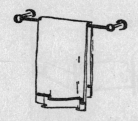

Wo ist das Handtuch?
Das Handtuch ist im Badezimmer.

Wo ist die Seife?
Die Seife ist im Badezimmer.

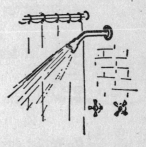

Wo ist die Badewanne?
Die Badewanne ist im Badezimmer.

Wo ist die Brause?
Die Brause ist im Badezimmer.

wo ist? where is?

EXERCISE

Answer the following questions:

1. Wo ist der Ofen?

2. Wo ist der Kühlschrank?

3. Wo ist das Sofa?

4. Wo ist der Sessel?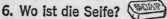

5. Wo ist das Bett?

6. Wo ist die Seife?

7. Wo ist das Handtuch?

8. Wo ist die Badewanne?

The correct answers are on the next page.

in der Küche, in the
kitchen

im Wohnzimmer, in the
living room

im Badezimmer, in the
bathroom

im Schlafzimmer, in the
bedroom

Answers to the questions on the previous page:

1. Der Ofen ist in der Küche.

2. Der Kühlschrank ist in der Küche.

3. Das Sofa ist im Wohnzimmer.

4. Der Sessel ist im Wohnzimmer.

5. Das Bett ist im Schlafzimmer.

6. Die Seife ist im Badezimmer.

7. Das Handtuch ist im Badezimmer.

8. Die Badewanne ist im Badezimmer.

ich kann, I can
schwimmen, to swim·
fischen, to fish

tanzen, to dance
singen, to sing
ich kann schwimmen,
   I can swim

Ich kann schwimmen.

Ich kann fischen.

Ich kann tanzen.

Ich kann singen.

Können Sie schwimmen? *Can you swim?*
Können Sie fischen? *Can you fish?*
Können Sie tanzen? *Can you dance?*
Können Sie singen? *Can you sing?*
Nein, ich kann nicht singen. *No, I cannot sing.*

können Sie? can you? **morgen,** tomorrow
singen, to sing **schwimmen,** to swim
tanzen, to dance **studieren,** to study
kommen, to come **arbeiten,** to work
Können Sie morgen studieren? Can you study
tomorrow? (Can you tomorrow study?)

Können Sie morgen studieren?
Ja, ich kann morgen studieren.

Können Sie morgen schwimmen?
Ja, ich kann morgen schwimmen.

Können Sie morgen tanzen?
Ja, ich kann morgen tanzen.

Können Sie morgen arbeiten?
Ja, ich kann morgen arbeiten.

Können Sie morgen kommen?
Ja, ich kann morgen kommen.

Können Sie morgen arbeiten?
Nein, ich kann morgen nicht arbeiten.
No, I cannot work tomorrow.

können Sie? can you?   **ins,** to the
ins Kino, to the movies   **ins Theater,** to the theater
Können Sie ins Restaurant gehen? Can you go to the
   restaurant? (Can you to the restaurant go?)
                ich kann, I can

Können Sie ins
   Restaurant gehen?
Ja, ich kann ins
   Restaurant gehen.

Können Sie ins
   Theater gehen?
Ja, ich kann ins
   Theater gehen.

Können Sie ins Kino
   gehen?
Ja, ich kann ins Kino
   gehen.

Können Sie ins
   Museum gehen?
Ja, ich kann ins
   Museum gehen.

Ich kann nicht ins Kino gehen.
I cannot go to the movies.

ich werde kaufen, I am going to buy
Ich werde einen Hut kaufen. I am going to buy a hat.
   (I am going a hat to buy.)
Schirm, umbrella   **Haus,** house

Ich werde einen Hut
   kaufen.

Ich werde einen
   Schirm kaufen.

Ich werde ein Haus
   kaufen.

Ich werde eine Lampe
   kaufen.

Werden Sie einen Hut kaufen?
Are you going to buy a hat?
Werden Sie einen Schirm kaufen?
Are you going to buy an umbrella?

NOTE: "Ich werde" actually means "I shall." Remember that "I am going to the hotel" is "Ich gehe ins Hotel."

79

werden Sie? are you going (to)?
studieren, to study
arbeiten, to work

ich werde, I am going (to)
reisen, to travel
kommen, to come

Werden Sie studieren?
Ja, ich werde studieren.

Werden Sie arbeiten?
Ja, ich werde arbeiten.

Werden Sie reisen?
Ja, ich werde reisen.

Werden Sie kommen?
Ja, ich werde kommen.

Werden Sie heute arbeiten?
Are you going to work today?
Ja, ich werde heute arbeiten.
Yes, I am going to work today.

Werden Sie heute schwimmen?
Are you going to swim today?
Ja, ich werde heute schwimmen.
Yes, I am going to swim today.

Ich muss, I must, I have to

Ich muss kaufen, I must buy

Ich muss ein Auto kaufen. I have to buy a car. I must buy a car. (I must a car buy.)

einen Koffer, a suitcase

eine Uhr, a watch, a clock

Brot, bread

Ich muss ein Auto kaufen.

Ich muss einen Koffer kaufen.

Ich muss eine Uhr kaufen.

Ich muss Brot kaufen.

Müssen Sie ein Auto kaufen?
Do you have to buy a car?
(Must you a car buy?)
Müssen Sie einen Koffer kaufen?
Müssen Sie eine Uhr kaufen?
Müssen Sie Brot kaufen?

ich muss, I have to, I must   **die Schule,** the school

Büro, office

Ich muss in die Bank gehen. I have to go to the bank.
I must go to the bank. (I must to the bank go.)

Ich muss in die Bank gehen.

Ich muss ins Büro gehen.

Ich muss ins Hotel gehen.

Ich muss in die Schule gehen.

Müssen Sie in die Bank gehen?
Do you have to go to the bank?
Müssen Sie ins Büro gehen?
Do you have to go to the office?
Müssen Sie ins Hotel gehen?
Do you have to go to the hotel?
Müssen Sie in die Schule gehen?
Do you have to go to school?
Ich muss nicht in die Bank gehen.
I don't have to go to the bank.

Combine the words in the left column with the words in the right column to form sentences. Follow the examples given below.

wollen Sie? do you want (to)?	**schwimmen,** to swim
ich will, I want (to)	**tanzen,** to dance
können Sie? can you?	**singen,** to sing
ich kann, I can	**kommen,** to come
werden Sie? are you going (to)?	**studieren,** to study
ich werde, I am going (to)	**arbeiten,** to work
müssen Sie? do you have (to)?	**gehen,** to go
ich muss, I must	**kaufen,** to buy
ich will nicht, I don't want (to)	**sprechen,** to speak
ich kann nicht, I can't	**helfen,** to help
ich werde nicht, I am not going (to)	**reisen,** to travel
Sie müssen, you must (have to)	**essen,** to eat

EXAMPLES:

Können Sie gehen? *Can you go?*
Ich will schwimmen. *I want to swim.*
Ich muss arbeiten. *I have to work.*
Ich kann nicht gehen. *I can't go.*
Ich werde studieren. *I am going to study*
Ich muss in die Bank gehen. *I have to go to the bank.*

You can form a great number of sentences combining the words in the columns above.

83

kaufen, to buy   **gehen,** to go
können Sie? can you?   **werden Sie?** are you
                                 going to?
        müssen Sie? do you have to? must you?

EXERCISE

Answer the following questions:

1. Können Sie schwimmen?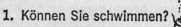

2. Können Sie ins Kino gehen?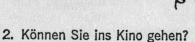

3. Können Sie ins Theater gehen?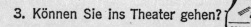

4. Werden Sie ein Auto kaufen?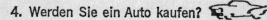

5. Werden Sie eine Lampe kaufen?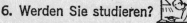

6. Werden Sie studieren?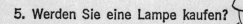

7. Müssen Sie in die Bank gehen?

8. Müssen Sie eine Uhr kaufen?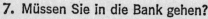

The correct answers are on the next page.

ich kann, I can   **ich werde,** I am going to
  ich muss, I have to, I must

Answers to the questions on the previous page:

1. Ja, ich kann schwimmen.
   Nein, ich kann nicht schwimmen.

2. Ja, ich kann ins Kino gehen.
   Nein, ich kann nicht ins Kino gehen.

3. Ja, ich kann ins Theater gehen.
   Nein, ich kann nicht ins Theater gehen.

4. Ja, ich werde ein Auto kaufen.
   Nein, ich werde kein Auto kaufen.

5. Ja, ich werde eine Lampe kaufen.
   Nein, ich werde keine Lampe kaufen.

6. Ja, ich werde studieren.
   Nein, ich werde nicht studieren.

7. Ja, ich muss in die Bank gehen.
   Nein, ich muss nicht in die Bank gehen.

8. Ja, ich muss eine Uhr kaufen.
   Nein, ich muss keine Uhr kaufen.

Wie geht es Ihnen? How are you?
  (How goes it with you?)
Es geht ihm gut. He is well (It goes him well.)
Es geht ihm besser. He is better.
Es geht ihr besser. She is better.
Es geht ihm schlechter. He is worse.
Es geht ihr schlechter. She is worse.
Wie geht es Ihrem Vater? How is your father?
Wie geht es Ihrer Mutter? How is your mother?
Wie geht es Peter? How is Peter?
Wie geht es ihnen? How are they?
Es geht ihnen gut. They are well.
Es geht uns gut. We are well.

Vor is the equivalent of **Ago**

vor einer Minute, a minute ago
  (before a minute)
vor einer Stunde, an hour ago
vor einer Woche, a week ago
vor acht Tagen, a week ago (eight days ago)
vor einem Monat, a month ago
vor einem Jahr, a year ago
vor langer Zeit, a long time ago
vor kurzer Zeit, a short time ago
vor vierzehn Tagen, two weeks ago
  (fourteen days ago)

86

wann? when? (at what time?)
beginnt, begins
das Theater, the theater
das Konzert, the concert
das Kino, the movies
um sieben Uhr, at seven o'clock

Wann beginnt das Konzert? When does the concert begin? At what time is the concert?

Wann beginnt das Konzert?

Um sieben Uhr.

Wann beginnt das Theater?

Um acht Uhr.

Wann beginnt das Kino?

Um neun Uhr.

Sometimes in German you use the word **IN** instead of **TO**. You say for example "I go in church" instead of "I go to church."

Ich gehe, I am going, I go
in die, to the (in the)

in die Kirche, to church

in die Bank, to the bank
in die Bibliothek, to the library
in die Schule, to school

Sonntag, Sunday
am Sonntag, on Sunday

Montag, Monday
am Montag, on Monday

Ich gehe am Sonntag
in die Kirche.

Ich gehe am Montag
in die Bank.

Dienstag, Tuesday
am Dienstag, on Tuesday

Mittwoch, Wednesday
am Mittwoch, on Wednesday

Ich gehe am Dienstag
in die Schule.

Ich gehe am Mittwoch
in die Bibliothek.

ich gehe, I am going, I go
ins Büro, to the office

ins, to the
ins Kino, to the movies

Donnerstag, Thursday
am Donnerstag, on
   Thursday

Freitag, Friday
am Freitag, on Friday

Ich gehe am
   Donnerstag
ins Büro.

Ich gehe am Freitag
   ins Theater.

Sonnabend, Saturday
am Sonnabend, on
   Saturday

morgen, tomorrow

Ich gehe am
   Sonnabend
ins Kino.

Ich gehe morgen
   ins Museum.

gehen, to go

ich gehe, I'm going
Sie gehen, you are going
er geht, he is going
sie geht, she is going
es geht, it is going
wir gehen, we are going
sie gehen, they are going

Ich gehe ins Büro.
Sie gehen ins Theater.
Er geht ins Kino.
Sie geht ins Konzert.

Wir gehen ins Restaurant.
Sie gehen ins Kaffeehaus.

See the two previous pages.

was machen Sie? what do you do?

Sonntags, on Sundays
Montags, on Mondays
Dienstags, on Tuesdays
Mittwochs, on Wednesdays

Donnerstags, on Thursdays
Freitags, on Fridays
Sonnabends, on Saturdays

ich gehe, I go, I'm going

1. Was machen Sie Sonntags?
   Ich gehe Sonntags in die Kirche.

2. Was machen Sie Montags?
   Ich gehe Montags in die Bank.

3. Was machen Sie Dienstags?
   Ich gehe Dienstags in die Schule.

4. Was machen Sie Mittwochs?
   Ich gehe Mittwochs in die Bibliothek.

5. Was machen Sie Donnerstags?
   Ich gehe Donnerstags ins Büro.

6. Was machen Sie Freitags?
   Ich gehe Freitags ins Theater.

7. Was machen Sie Sonnabends?
   Ich gehe Sonnabends ins Kino.

TELLING TIME

Wie spät ist es? What time is it? (How late is it?)
Wieviel Uhr ist es? What time is it? (How many o'clock is it?)

1:00—**Es ist ein Uhr.** It's one o'clock.
2:00—**Es ist zwei Uhr.** It's two o'clock.
3:00—**Es ist drei Uhr.** It's three o'clock.
4:00—**Es ist vier Uhr.** It's four o'clock.
5:00—**Es ist fünf Uhr.** It's five o'clock.
6:00—**Es ist sechs Uhr.** It's six o'clock.
7:00—**Es ist sieben Uhr.** It's seven o'clock.
8:00—**Es ist acht Uhr.** It's eight o'clock.
9:00—**Es ist neun Uhr.** It's nine o'clock.
10:00—**Es ist zehn Uhr.** It's ten o'clock.
11:00—**Es ist elf Uhr.** It's eleven o'clock.
12:00—**Es ist zwölf Uhr.** It's twelve o'clock.

8:15—**Es ist ein Viertel nach acht.** It's a quarter past eight.
8:30—**Es ist halb neun.** It's half past eight. (It's half nine.)
8:45—**Es ist ein Viertel vor neun.** It's a quarter to nine. (It's a quarter before nine.)
8:10—**Es ist zehn Minuten nach acht.** It's eight ten. (It's ten minutes after eight.)
7:50—**Es ist zehn Minuten vor acht.** It's ten to eight. (It's ten minutes before eight.)

ich kann, I can　　　　**ins Büro,** to the office
ich kann gehen, I can go　**morgen,** tomorrow
Ich kann morgen ins Kino gehen. I can go to the
movies tomorrow. (I can tomorrow to the movies
go.)

ins Kaffeehaus, to the coffee shop

Ich kann morgen ins
Kino gehen.

Ich kann morgen ins
Restaurant gehen.

Ich kann morgen ins
Büro gehen.

Ich kann morgen ins
Kaffeehaus gehen.

Ich kann morgen nicht ins Büro gehen.
I can't go to the office tomorrow.
Ich kann morgen nicht ins Kino gehen.
I can't go to the movies tomorrow.
Ich kann morgen nicht ins Krankenhaus gehen.
I can't go to the hospital tomorrow.
Können Sie ins Kino gehen?
Can you go to the movies?

können Sie gehen? can you go?

ich kann gehen, I can go

heute Morgen, this morning

heute Abend, tonight

in den Park, to the park

in den Klub, to the club

in den Zirkus, to the circus

Können Sie in den Park gehen? Can you go to the park? (Can you to the park go?)

Können Sie in den Park gehen?
Ja, ich kann in den Park gehen.
Können Sie heute Morgen in den Park gehen?
Ja, ich kann heute Morgen in den Park gehen.

Können Sie in den Klub gehen?
Ja, ich kann in den Klub gehen.
Können Sie heute Abend in den Klub gehen?
Ja, ich kann heute Abend in den Klub gehen.

Können Sie in den Zirkus gehen?
Ja, ich kann in den Zirkus gehen.
Können Sie heute Abend in den Zirkus gehen?
Ja, ich kann heute Abend in den Zirkus gehen.

93

können Sie? can you?
ich kann, I can
heute Morgen, this morning
das Buch, the book

studieren, to study
lesen, to read
schreiben, to write
Brief, letter

Können Sie heute Morgen studieren? Can you study this morning? (Can you this morning study?)

Können Sie heute Morgen studieren?
Ja, ich kann heute Morgen studieren.

Können Sie heute Morgen schwimmen?
Ja, ich kann heute Morgen schwimmen.

Können Sie das Buch lesen?
Ja, ich kann das Buch lesen.

Können Sie den Brief schreiben?
Ja, ich kann den Brief schreiben.

können Sie? can you?	**arbeiten,** to work
ich kann, I can	**reisen,** to travel
mit mir, with me	**gehen,** to go
mit Ihnen, with you	**studieren,** to study

Können Sie mit mir gehen? Can you go with me? (Can you with me go?)

Können Sie mit mir gehen?
Ja, ich kann mit Ihnen gehen.

Können Sie mit mir arbeiten?
Ja, ich kann mit Ihnen arbeiten.

Können Sie mit mir reisen?
Ja, ich kann mit Ihnen reisen.

Können Sie mit Peter gehen?
Ja, ich kann mit Peter gehen.

Können Sie mit Marie studieren?
Ja, ich kann mit Marie studieren.

ich kann, I can	**es kann,** it can
Sie können, you can	**wir können,** we can
er kann, he can	**sie können,** they can
sie kann, she can	

können Sie? can you? **gehen,** go
mit mir, with me **schreiben,** write
      lesen, read

EXERCISE

Answer the following questions:

1. Können Sie ins Restaurant gehen?

2. Können Sie ins Kino gehen?

3. Können Sie in den Park gehen?

4. Können Sie in den Zirkus gehen?

5. Können Sie studieren?

6. Können Sie mit mir gehen?

7. Können Sie den Brief schreiben?

8. Können Sie das Buch lesen?

The correct answers are on the next page.

ch kann, I can   **gehen,** go,
          mit Ihnen, with you

Answers to the questions on the previous page:

1. Ja, ich kann ins Restaurant gehen.

2. Ja, ich kann ins Kino gehen.

3. Ja, ich kann in den Park gehen.

4. Ja, ich kann in den Zirkus gehen.

5. Ja, ich kann studieren.

6. Ja, ich kann mit Ihnen gehen.

7. Ja, ich kann den Brief schreiben.

8. Ja, ich kann das Buch lesen.

haben Sie studiert? did you study? have you studied?
ich habe studiert, I studied, I have studied
haben Sie geschrieben? did you write? have you written?
ich habe geschrieben, I wrote, I have written

haben Sie gegessen?	**haben Sie gearbeitet?**
did you eat?	did you work?
ich habe gegessen, I ate	**ich habe gearbeitet,** I worked

Haben Sie studiert?
Ja, ich habe studiert.

Haben Sie geschrieben?
Ja, ich habe geschrieben.

Haben Sie gegessen?
Ja, ich habe gegessen.

Haben Sie gearbeitet?
Ja, ich habe gearbeitet.

Ich habe nicht gearbeitet. *I didn't work. I haven't worked.*
Ich habe nicht geschrieben. *I didn't write. I haven't written.*

haben Sie gespielt? did you play? have you played?
ich habe gespielt, I played, I have played
Klavier, piano   **Karten,** cards
Haben Sie Tennis gespielt? Did you play tennis?
(Have you tennis played?)
Ich habe Tennis gespielt. I played tennis.
(I have tennis played.)

Haben Sie Tennis
  gespielt?
Ja, ich habe Tennis
  gespielt.

Haben Sie Golf
  gespielt?
Ja, ich habe Golf
  gespielt.

Haben Sie Klavier
  gespielt?
Ja, ich habe Klavier
  gespielt.

Haben Sie Karten
  gespielt?
Ja, ich habe Karten
  gespielt.

haben Sie gebracht? did you bring? have you brought?
ich habe gebracht, I brought, I have brought
den Koffer, the suitcase   **das Paket,** the package
das Geld, the money   **den Schirm,** the umbrella
Haben Sie das Paket gebracht? Did you bring the
  package? (Have you the package brought?)
Ich habe das Paket gebracht. I brought the package.
  (I have the package brought.)

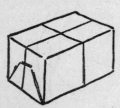

Haben Sie das Paket
  gebracht?
Ja, ich habe das Paket
  gebracht.

Haben Sie den Koffer
  gebracht?
Ja, ich habe den
  Koffer gebracht.

Haben Sie das Geld
  gebracht?
Ja, ich habe das Geld
  gebracht.

Haben Sie den Schirm
  gebracht?
Ja, ich habe den
  Schirm gebracht.

Ich habe die Karten gebracht.
I brought the tickets.
(I have the tickets brought.)

aben **Sie gelesen?** did you read? have you read?

ch **habe gelesen,** I read, I have read

as Buch, the book **den Brief,** the letter

ie Zeitung, the **die Zeitschrift,** the
newspaper magazine

aben **Sie das Buch gelesen?** Did you read the book?
(Have you the book read?)

h **habe das Buch gelesen.** I read the book. (I have
the book read.)

aben Sie das Buch
gelesen?

a, ich habe das Buch
gelesen.

Haben Sie den Brief
gelesen?

Ja, ich habe den Brief
gelesen.

aben Sie die Zeitung
gelesen?

a, ich habe die
Zeitung gelesen.

Haben Sie die
Zeitschrift gelesen?

Ja, ich habe die
Zeitschrift gelesen.

Haben Sie den Brief geschrieben?
Did you write the letter?
Ja, ich habe den Brief geschrieben.
Yes, I wrote the letter.
Haben Sie die Postkarte geschrieben?
Did you write the postcard?
Ja, ich habe die Postkarte geschrieben.
Yes, I wrote the postcard.

haben Sie verkauft? did you sell? have you sold?
ich habe verkauft, I sold, I have sold
Haben Sie das Boot verkauft? Did you sell the boat?
(Have you the boat sold?)

Haben Sie das Boot
  verkauft?
Ja, ich habe das Boot
  verkauft.

Haben Sie das Auto
  verkauft?
Ja, ich habe das Auto
  verkauft.

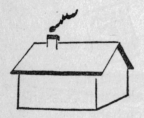

Haben Sie das Haus
  verkauft?
Ja, ich habe das Haus
  verkauft.

Haben Sie das Fahrrad
  verkauft?
Ja, ich habe das
  Fahrrad verkauft.

er hat verkauft, he sold
sie hat verkauft, she sold

wir haben verkauft, we
  sold
sie haben verkauft, they
  sold

102

haben Sie gesehen? did you see? have you seen?
ich habe gesehen, I saw, I have seen
das Flugzeug, the airplane   **den Film,** the film
       die Kirche, the church
die Maus, the mouse
Haben Sie den Film gesehen? Did you see the film? (Have you the film seen?)

Haben Sie den Film gesehen?
Ja, ich habe den Film gesehen.

Haben Sie die Maus gesehen?
Ja, ich habe die Maus gesehen.

Haben Sie die Kirche gesehen?
Ja, ich habe die Kirche gesehen.

Haben Sie das Flugzeug gesehen?
Ja, ich habe das Flugzeug gesehen.

er hat gesehen, he saw
sie hat gesehen, she saw

wir haben gesehen, we saw
sie haben gesehen, they saw

haben Sie gewaschen? did you wash? have you washed?

ich habe gewaschen, I washed, I have washed

das Geschirr, the dishes   **die Socken,** the socks

die Strümpfe, the stockings   **den Pullover,** the sweater

Haben Sie das Geschirr gewaschen? Did you wash the dishes? (Have you the dishes washed?)

Ich habe das Geschirr gewaschen. I washed the dishes (I have the dishes washed.)

Haben Sie das Geschirr gewaschen? Ja, ich habe das Geschirr gewaschen.

Haben Sie die Socken gewaschen? Ja, ich habe die Socken gewaschen.

Haben Sie die Strümpfe gewaschen? Ja, ich habe die Strümpfe gewaschen.

Haben Sie den Pullover gewaschen? Ja, ich habe den Pullover gewaschen.

Ich habe nicht das Geschirr gewaschen. *I didn't wash the dishes.*

haben Sie gefunden? did you find? have you found?
ich habe gefunden, I found, I have found
haben Sie gemietet? did you rent? have you rented?
ich habe gemietet, I rented, I have rented
den Schlüssel, the key   **das Auto,** the car
Haben Sie das Auto gemietet? Did you rent the car?
  (Have you the car rented?)

Haben Sie das Auto
  gemietet?
Ja, ich habe das Auto
  gemietet.

Haben Sie den
  Schlüssel
  gefunden?
Ja, ich habe den
  Schlüssel
  gefunden.

Ich habe ein Haus gemietet. *I rented a house.*
Ich habe eine Wohnung gemietet. *I rented an apartment.*
Ich habe ein Fahrrad gemietet. *I rented a bicycle.*

SAMPLE VERB IN THE PAST

schlafen, to sleep

ich habe geschlafen, I slept, I have slept
Sie haben geschlafen, you slept, you have slept
er hat geschlafen, he slept, he has slept
sie hat geschlafen, she slept, she has slept
es hat geschlafen, it slept, it has slept
wir haben geschlafen, we slept, we have slept
sie haben geschlafen, they slept, they have slept

gespielt, played   **gelesen,** read
gebracht, brought   **geschrieben,** written
gewaschen, washed

EXERCISE

Answer the following questions:

1. Haben Sie Tennis gespielt?

2. Haben Sie Karten gespielt?

3. Haben Sie das Paket gebracht?

4. Haben Sie das Geld gebracht?

5. Haben Sie den Brief geschrieben?

6. Haben Sie das Buch gelesen?

7. Haben Sie den Pullover gewaschen?

8. Haben Sie die Strümpfe gewaschen?

The correct answers are on the next page.

gespielt, played   **gelesen,** read
gebracht, brought   **geschrieben,** written
         gewaschen, washed

Answers to the questions on the previous page:

1. Ja, ich habe Tennis gespielt.

2. Ja, ich habe Karten gespielt.

3. Ja, ich habe das Paket gebracht.

4. Ja, ich habe das Geld gebracht

5. Ja, ich habe den Brief geschrieben.

6. Ja, ich habe das Buch gelesen.

7. Ja, ich habe den Pullover gewaschen.

8. Ja, ich habe die Strümpfe gewaschen.

Ich habe Suppe gern. I like soup.
Ich habe Fisch gern. I like fish.

Salat, salad   **Kaffee,** coffee

Ich habe Suppe gern.   Ich habe Fisch gern.

Ich habe Salat gern.   Ich habe Kaffee gern.

Haben Sie Suppe gern? *Do you like soup?*
Haben Sie Fisch gern? *Do you like fish?*
Haben Sie Kaffee gern? *Do you like coffee?*
Ich habe Suppe nicht gern. *I don't like soup.*

NOTE: "Ich habe Suppe gern" literally means "I have soup gladly."

aben Sie gern? do you like?
aben Sie Erbsen gern? Do you like peas?
ch habe Erbsen gern. I like peas.

ohnen, beans

Spinat, spinach

rüne Bohnen, green
  beans

Musik, music

gelbe Rüben, carrots

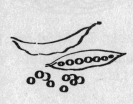 

Haben Sie Erbsen
   gern?
Ja, ich habe Erbsen
   gern.

Haben Sie gelbe
   Rüben gern?
Ja, ich habe gelbe
   Rüben gern.

Haben Sie Spinat gern?
Ja, ich habe Spinat gern.

Haben Sie Bohnen gern?
Ja, ich habe Bohnen gern.

Haben Sie grüne Bohnen gern?
Ja, ich habe grüne Bohnen gern.

Haben Sie Musik gern?
Ja, ich habe Musik gern.

Haben Sie Peter gern?
Ja, ich habe Peter gern.

haben Sie gern? do you like?
Haben Sie Tomaten gern? Do you like tomatoes?
Ich habe Tomaten gern. I like tomatoes.
Äpfel, apples   **Erdbeeren,** strawberries
         Kirschen, cherries

Haben Sie Tomaten
   gern?
Ja, ich habe Tomaten
   gern.

Haben Sie Äpfel gern?
Ja, ich habe Äpfel
   gern.

Haben Sie Erdbeeren
   gern?
Ja, ich habe Erdbeeren
   gern.

Haben Sie Kirschen
   gern?
Ja, ich habe Kirschen
   gern.

Haben Sie Tomaten gern?
Do you like tomatoes?
Nein, ich habe Tomaten nicht gern.
No, I don't like tomatoes.

h singe gern. I like to sing.
h schwimme gern. I like to swim.

ch singe gern.

Ich schwimme gern.

ch tanze gern.

Ich studiere gern..

Singen Sie gern? *Do you like to sing?*
Schwimmen Sie gern? *Do you like to swim?*
Tanzen Sie gern? *Do you like to dance?*
Studieren Sie gern? *Do you like to study?*

111

Schreiben Sie gern? Do you like to write?
Ich schreibe gern. I like to write.
Ich reise gern. I like to travel.
Ich fliege gern. I like to fly.
Ich lese gern. I like to read.

Schreiben Sie gern?
Ja, ich schreibe gern.

Lesen Sie gern?
Ja, ich lese gern.

Reisen Sie gern?
Ja, ich reise gern.

Fliegen Sie gern?
Ja, ich fliege gern.

Haben Sie Musik gern? Do you like music?
Haben Sie Sport gern? Do you like sports?
Haben Sie dieses Programm gern?
Do you like this program?
Haben Sie diese Platte gern? Do you like
this record?
Haben Sie das Land gern? Do you like
the country?
Haben Sie die Stadt gern? Do you like the city?
Haben Sie den Strand gern? Do you like
the beach?
Haben Sie die Berge gern? Do you like
the mountains?
Haben Sie Deutschland gern? Do you like
Germany?
Haben Sie Marie gern? Do you like Mary?

Ich habe Musik gern. I like music.
Ich habe Sport gern. I like sports.
Ich habe dieses Programm gern.
I like this program.
Ich habe diese Platte gern. I like this record.
Ich habe das Land gern. I like the country.
Ich habe die Stadt gern. I like the city.
Ich habe den Strand gern. I like the beach.
Ich habe die Berge gern. I like the mountains.
Ich habe Deutschland gern. I like Germany.
Ich habe Marie gern. I like Mary.

Haben Sie Suppe gern? Do you like soup?

EXERCISE

Answer the following questions:

1. Haben Sie Suppe gern?

2. Haben Sie Fisch gern?

3. Haben Sie Kaffee gern?

4. Haben Sie Tomaten gern?

5. Haben Sie Salat gern?

6. Singen Sie gern?

7. Tanzen Sie gern?

8. Schwimmen Sie gern?

The correct answers are on the following page.

Ich habe Suppe gern. I like soup.

Answers to the questions on the previous page:

1. Ja, ich habe Suppe gern.

2. Ja, ich habe Fisch gern.

3. Ja, ich habe Kaffee gern.

4. Ja, ich habe Tomaten gern.

5. Ja, ich habe Salat gern.

6. Ja, ich singe gern.

7. Ja, ich tanze gern.

8. Ja, ich schwimme gern.

sprechen Sie? do you speak? are you speaking?
ich spreche, I speak, I am speaking
Sprechen Sie deutsch? Do you speak German?
Ich spreche deutsch. I speak German.

am Telephon, on the phone

mit dem Doktor, with the doctor

in der Klasse, in the class

mit dem Professor, with the professor

Sprechen Sie am Telephon?
Ja, ich spreche am Telephon.

Sprechen Sie deutsch in der Klasse?
Ja, ich spreche deutsch in der Klasse.

Sprechen Sie deutsch mit dem Doktor?
Ja, ich spreche deutsch mit dem Doktor.

Sprechen Sie deutsch mit dem Professor?
Ja, ich spreche deutsch mit dem Professor.

sprechen, to speak

ich spreche, I speak

Sie sprechen, you speak

er, sie spricht, he, she speaks

wir sprechen, we speak

sie sprechen, they speak

der Präsident spricht, the president speaks
schnell, fast
spricht, speaks, talks

am, on the
Fernsehapparat, television
langsam, slowly

Der Präsident spricht am Radio.

Der Präsident spricht am Fernsehapparat.

Marie spricht langsam.
Peter spricht schnell.

viel, much, a lot   **sehr,** very

Peter spricht sehr schnell. *Peter talks very fast.*
Marie spricht sehr langsam. *Mary talks very slowly.*
Spricht Peter deutsch? *Does Peter speak German?*
Spricht Marie deutsch? *Does Mary speak German?*
Sprechen Sie englisch? *Do you speak English?*

spielen Sie? do you play? are you playing?
ich spiele, I play, I am playing
Violine, violin   **Karten,** cards

Spielen Sie Tennis?   Spielen Sie Golf?
Ja, ich spiele Tennis.   Ja, ich spiele Golf.

Spielen Sie Violine?   Spielen Sie Karten?
Ja, ich spiele Violine. Ja, ich spiele Karten.

ich spiele, I play, I am playing
Sie spielen, you play, you are playing
er, sie spielt, he, she plays, he, she is playing
wir spielen, we play, we are playing
sie spielen, they play, they are playing

118

Wo arbeiten Sie? Where do you work?

in einem Reisebüro, in a travel agency

in einer Schule, in a school

in einer Fabrik, in a factory

in einem Laden, in a store

in einem Büro, in an office

ich arbeite, I work

Wo arbeiten Sie?
Ich arbeite in einem Laden.

Wo arbeiten Sie?
Ich arbeite in einer Bank.

Wo arbeiten Sie?
Ich arbeite in einem Reisebüro.

Wo arbeiten Sie?
Ich arbeite in einer Schule.

Wo arbeiten Sie?
Ich arbeite in einem Büro.

Arbeiten Sie in einer Bank? *Do you work in a bank?*
Ja, ich arbeite in einer Bank. *Yes, I work in a bank.*
Wo arbeitet Peter? *Where does Peter work?*
Peter arbeitet in einer Fabrik. *Peter works in a factory.*

arbeiten, to work

ich arbeite, I work

Sie arbeiten, you work

er, sie arbeitet, he, she works

wir arbeiten, we work

sie arbeiten, they work

119

Wo wohnen Sie?
Where do you live?
ich wohne, I live

in einer Wohnung, in an apartment
in einer Pension, in a boarding house

Wo wohnen Sie?
Ich wohne in einem Haus.

Wo wohnen Sie?
Ich wohne in einer Wohnung.

Wo wohnen Sie?
Ich wohne in einer Pension.

Wo wohnen Sie?
Ich wohne in einem Hotel.

Wo wohnt Peter?
Where does Peter live?
Peter wohnt in der Goethestrasse.
Peter lives on Goethe Street.

Wo wohnt Marie?
Where does Mary live?
Marie wohnt in Berlin.
Mary lives in Berlin.

wohnen, to live

ich wohne, I live
Sie wohnen, you live
er, sie wohnt, he, she lives

wir wohnen, we live
sie wohnen, they live

120

schreiben Sie? do you write? are you writing?
ich schreibe, I write, I am writing

mit einem Bleistift, with a pencil

mit einer Feder, with a pen

auf der Schreibmaschine, on the typewriter

einen Brief, a letter

Schreiben Sie mit
    einer Feder?
Ja, ich schreibe mit
    einer Feder.

Schreiben Sie auf der
    Schreibmaschine?
Ja, ich schreibe
    auf der
    Schreibmaschine.

Schreiben Sie einen
    Brief?
Ja, ich schreibe einen
    Brief.

Schreiben Sie mit
    einem Bleistift?
Ja, ich schreibe mit
    einem Bleistift.

schreiben, to write

ich schreibe, I write

Sie schreiben, you write

er, sie schreibt, he, she writes

wir schreiben, we write

sie schreiben, they write

121

lesen Sie? do you read? are you reading?
ich lese, I read, I am reading
Zeitungen, newspapers
deutsche Romane, German novels
Zeitschriften, magazines

interessant, interesting
sehr, very
sie sind, they are

Lesen Sie Romane?
Ja, ich lese deutsche
    Romane.
Sie sind sehr
    interessant.

Lesen Sie Zeitungen?
Ja, ich lese deutsche
    Zeitungen.
Sie sind sehr
    interessant.

Lesen Sie deutsche Zeitschriften?
Ja, ich lese deutsche Zeitschriften.
Sie sind sehr interessant.

lesen, to read

ich lese, I read
Sie lesen, you read
er, sie liest, he, she reads

wir lesen, we read
sie lesen, they read

nehmen Sie? are you taking? do you take?
ich nehme, I am taking, I take
heute, today
heute Nacht, tonight
den Autobus, the bus
das Flugzeug, the airplane

heute Morgen, this morning
jetzt, now
den Zug, the train

Nehmen Sie heute
   Morgen den
   Autobus?
Ja, ich nehme heute
   Morgen den
   Autobus.

Nehmen Sie jetzt ein
   Taxi?
Ja, ich nehme jetzt
   ein Taxi.

Nehmen Sie heute
   Nacht den Zug?
Ja, ich nehme heute
   Nacht den Zug.

Nehmen Sie heute
   Morgen das
   Flugzeug?
Ja, ich nehme **heute**
   Morgen das
   Flugzeug.

nehmen, to take

ich nehme, I take
Sie nehmen, you take
er, sie nimmt, he, she takes

wir nehmen, we take
sie nehmen, they take

sprechen Sie? do you speak?

spielen Sie? do you play?

schreiben Sie? do you write?

nehmen Sie? are you taking?

EXERCISE

Answer the following questions:

1. Sprechen Sie am Telephon?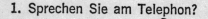

2. Spielen Sie Violine?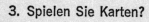

3. Spielen Sie Karten?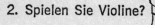

4. Schreiben Sie mit der Feder?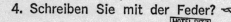

5. Wohnen Sie im Hotel?

6. Nehmen Sie den Autobus?

7. Nehmen Sie ein Taxi?

8. Nehmen Sie den Zug?

The correct answers are on the next page.

ich spreche, I speak   **ich schreibe,** I write
ich spiele, I play   **ich nehme,** I am taking

Answers to the questions on the previous page:

1. Ja, ich spreche am Telephon.

2. Ja, ich spiele Violine.

3. Ja, ich spiele Karten.

4. Ja, ich schreibe mit der Feder.

5. Ja, ich wohne im Hotel.

6. Ja, ich nehme den Autobus.

7. Ja, ich nehme ein Taxi.

8. Ja, ich nehme den Zug.

schlafen Sie? do you sleep?
ich schlafe, I sleep
auf dem Sofa, on the sofa
auf dem Bett, on the bed

öffnen Sie? do you open?
ich öffne, I open
das Fenster, the window
die Tür, the door

ich schlafe nicht, I don't sleep

Schlafen Sie auf dem Sofa?
Nein, ich schlafe nicht auf dem Sofa.

Schlafen Sie auf dem Bett?
Ja, ich schlafe auf dem Bett.

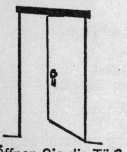

Öffnen Sie die Tür?
Ja, ich öffne die Tür.

Öffnen Sie das Fenster?
Ja, ich öffne das Fenster.

Ich schliesse das Fenster. *I close the window.*
Ich schliesse die Tür. *I close the door.*

Einmal. Once. One time.

Zweimal. Twice. Two times.

Ich bin zweimal in Deutschland gewesen.
I have been in Germany twice.

Vielmals. Many times.

Manchmal. Sometimes.

Jedesmal. Every time.

Diesmal. This time.

Jenesmal. That time.

Wieder. Again.

Von Zeit zu Zeit. From time to time.

Immer. Always.

Niemals. Never.

Nie. Never.

Vielleicht. Maybe. Perhaps.

Wahrscheinlich. Probably.

Alles. Everything.

Nichts. Nothing.

Ohne. Without.

Wollen Sie diesen Scheck unterschreiben?
Will you sign this check?
(Want you this check to sign?)

**Es würde interessant sein, nach Deutschland zu
gehen.** It would be interesting to go to
Germany. (It would interesting be to
Germany to go).

Ich brauche. I need.

Ich brauche Geld. I need money.

Was brauchen Sie? What do you need?

Wieviel kostet das? How much is that?

The present tense of regular German verbs is formed by removing the **EN** of the infinitive and adding the following endings:

I	E	EN	we
you (sing.)	EN	EN	you (pl.)
he, she, it	T	EN	they

EXAMPLES

GEHEN, to go

I go	ich gehe	wir gehen	we go
you go	Sie gehen	Sie gehen	you go
he goes	er geht	sie gehen	they go
she goes	sie geht		
it goes	es geht		

Below you will find the complete translation of the above chart.

GEHEN, to go

ich gehe, I go, I am going
Sie gehen, you go, you are going (sing.)
er geht, he goes, he is going
sie geht, she goes, she is going
es geht, it goes, it is going
wir gehen, we go, we are going
Sie gehen, you go, you are going (pl.)
sie gehen, they go, they are going

LIST OF REGULAR VERBS

To form the present tense of these verbs remove **EN**
and add the following endings:

	E	EN	
I	E	EN	we
you (sing.)	EN	EN	you (pl.)
he, she, it	T	EN	they

bauen, to build	**reisen,** to travel
fischen, to fish	**schneien,** to snow
fühlen, to feel	**spielen,** to play
grüssen, to greet	**tanzen,** to dance
hoffen, to hope	**träumen,** to dream
hören, to hear	**verdienen,** to earn
kaufen, to buy	**verkaufen,** to sell
kochen, to cook	**verlangen,** to ask
küssen, to kiss	**verstecken,** to hide
lachen, to laugh	**versuchen,** to try
leben, to live, to exist	**weinen,** to cry
lieben, to love	**wohnen,** to live, to dwell
machen, to make	**wünschen,** to wish
nähen, to sew	**zahlen,** to pay

der Monat, the month
die Monate, the months

im Januar, in January	**es schneit,** it snows
im Februar, in February	**es ist kalt,** it's cold
im März, in March	**es ist windig,** it's windy
im April, in April	**heute,** today

Es schneit im Januar.

Es ist kalt im Februar.

Es ist windig im März.

Est ist windig im April.

Schneit es im Januar? *Does it snow in January?*
Ist es kalt im Februar? *Is it cold in February?*
Ist es windig im März? *Is it windy in March?*
Ist es windig im April? *Is it windy in April?*
Heute ist es kalt. *Today it's cold.*
Heute ist es windig. *Today it's windy.*

der Monat, the month
die Monate, the months

im Mai, in May
im Juni, in June
im Juli, in July
im August, in August
es ist heiss, it is hot

es gibt Blumen, there are flowers
es gibt Früchte, there are fruits
es ist sehr heiss, it is very hot

Es gibt Blumen in Mai.

Es gibt Früchte im Juni.

Es ist heiss im Juli.

Es ist sehr heiss im August.

Gibt es Blumen im Mai? *Are there flowers in May?*
Gibt es Früchte im Juni? *Are there fruits in June?*
Ist es heiss im Juli? *Is it hot in July?*
Ist es sehr heiss im August? *Is it very hot in August?*
Es ist warm. *It's warm.*
Es ist heiss. *It's hot.*

der Monat, the month
die Monate, the months

im September, in September

im Oktober, in October

im November, in November

im Dezember, in December

es ist windig, it's windy
es regnet, it rains
das Wetter, the weather
gut, good
schlecht, bad

Es ist windig
im September.

Das Wetter ist gut
im Oktober.

Es regnet im
November.

Das Wetter ist
schlecht im
Dezember.

Ist das Wetter gut im Oktober?
Is the weather nice in October?
Ist das Wetter schlecht im Dezember?
Is the weather bad in December?
Regnet es im November?
Does it rain in November?

die Jahreszeiten, the seasons

im Winter, in the winter

im Frühling, in the spring

im Sommer, in the summer

im Herbst, in the fall

es ist kalt, it's cold

es ist kühl, it's cool

es ist heiss, it's hot

heute, today

Es ist kalt im Winter.

Es ist kühl im Frühling.

Es ist heiss im Sommer.

Es ist kühl im Herbst.

Ist es kalt im Winter? *Is it cold in the winter?*

Ist es kühl im Frühling? *Is it cool in the spring?*

Ist es heute kalt? *Is it cold today?*

Ist es heute heiss? *Is it hot today?*

zum Abendessen, for dinner

gibt es? is there?	**Eiscreme,** ice cream
es gibt, there is	**Käse,** cheese
Suppe, soup	**Kakao,** hot chocolate

Gibt es Suppe zum
  Abendessen?
Ja, es gibt Suppe zum
  Abendessen.

Gibt es Eiscreme zum
  Abendessen?
Ja, es gibt Eiscreme
  zum Abendessen.

Gibt es Käse zum
  Abendessen?
Ja, es gibt Käse zum
  Abendessen.

Gibt es Kakao
  zum Abendessen?
Ja, es gibt Kakao
  zum Abendessen.

Gibt es Eiscreme für mich? *Is there any ice cream for me?*
Gibt es Eiscreme für sie? *Is there any ice cream for her?*
Gibt es Eiscreme für ihn? *Is there any ice cream for him?*
Gibt es Eiscreme für uns? *Is there any ice cream for us?*
Gibt es Eiscreme für sie? *Is there any ice cream for them?*
Gibt es Eiscreme für Sie? *Is there any ice cream for you?*

gibt es? is there? are there?
es gibt, there is, there are
ein Schwimmbecken, a swimming pool
Touristen, tourists

Zeitungen, newspapers
am Bahnhof, in the railroad station
Zeitschriften, magazines
im Hotel, in the hotel

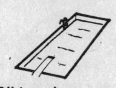

Gibt es ein Schwimmbecken im Hotel?
Ja, es gibt ein Schwimmbecken im Hotel.

Gibt es Touristen im Hotel?
Ja, es gibt Touristen im Hotel.

Gibt es Zeitungen am Bahnhof?
Ja, es gibt Zeitungen am Bahnhof.

Gibt es Zeitschriften am Bahnhof?
Ja, es gibt Zeitschriften am Bahnhof.

Es gibt kein Schwimmbecken im Hotel.
There isn't a swimming pool in the hotel.
Es gibt keine Zeitungen am Bahnhof.
There are no newspapers in the railroad station.

ist es kalt? is it cold? **ist es windig?** is it windy?
ist es heiss? is it hot? **gibt es?** is there? are
there?

EXERCISE

Answer the following questions:

1. Ist es kalt im Januar?

2. Ist es heiss im August?

3. Ist es kühl im April?

4. Ist es windig im Oktober?

5. Gibt es Blumen im Mai?

6. Gibt es Touristen im Hotel?

7. Gibt es Suppe zum Abendessen?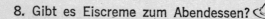

8. Gibt es Eiscreme zum Abendessen?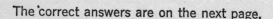

The correct answers are on the next page.

es ist kalt, it's cold
es ist heiss, it's hot
zum Abendessen, for
dinner

es ist windig, it's windy
es gibt, there is, there are

Answers to the questions on the previous page:

1. Ja, es ist kalt im Januar.

2. Ja, es ist heiss im August.

3. Ja, es ist kühl im April.

4. Ja, es ist windig im Oktober.

5. Ja, es gibt Blumen im Mai.

6. Ja, es gibt Touristen im Hotel.

7. Ja, es gibt Suppe zum Abendessen.

8. Ja, es gibt Eiscreme zum Abendessen.

ich habe genommen, I
took, I have taken
das Flugzeug, the
airplane

den Zug, the train
das Schiff, the ship

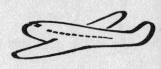

Ich habe den Zug
genommen.

Ich habe das Flugzeug
genommen.

Ich habe den Autobus
genommen.

Ich habe das Schiff
genommen.

Haben Sie den Zug genommen?
Did you take the train?
Haben Sie das Flugzeug genommen?
Did you take the plane?
Haben Sie den Autobus genommen?
Did you take the bus?
Haben Sie das Schiff genommen?
Did you take the ship?

ich habe getrunken, I drank, I have drunk
ich habe gegessen, I ate, I have eaten
Rostbraten, roast beef

Ich habe Kaffee
getrunken.

Ich habe Tee
getrunken.

Ich habe Fisch
gegessen.

Ich habe Rostbraten
gegessen.

Haben Sie Kaffee getrunken?
Did you have (drink) coffee?
Haben Sie Tee getrunken?
Did you have (drink) tea?
Haben Sie Fisch gegessen?
Did you have (eat) fish?
Haben Sie Rostbraten gegessen?
Did you have (eat) roast beef?

haben Sie gelesen? did you read? have you read?
ich habe gelesen, I read (past), I have read
das Buch, the book   **die Zeitschrift,** the
die Zeitung, the   magazine
    newspaper   **die Speisekarte,** the menu
Haben Sie das Buch gelesen? Did you read the book?
    (Have you the book read?)

Haben Sie das Buch
    gelesen?
Ja, ich habe das Buch
    gelesen.

Haben Sie die Zeitung
    gelesen?
Ja, ich habe die
    Zeitung gelesen.

Haben Sie die
    Zeitschrift gelesen?
Ja, ich habe die
    Zeitschrift gelesen.

Haben Sie die
    Speisekarte
    gelesen?
Ja, ich habe die
    Speisekarte
    gelesen.

haben Sie geschrieben? did you write? have you written?

ich habe geschrieben, I wrote, I have written

den Brief, the letter   **die Postkarte,** the post card

den Scheck, the check

die Adresse, the address

Haben Sie den Brief geschrieben? Did you write the letter? (Have you the letter written?)

Haben Sie den Brief geschrieben?
Ja, ich habe den Brief geschrieben.

Haben Sie den Scheck geschrieben?
Ja, ich habe den Scheck geschrieben.

Haben Sie die Postkarte geschrieben?
Ja, ich habe die Postkarte geschrieben.

Haben Sie die Adresse geschrieben?
Ja, ich habe die Adresse geschrieben.

haben Sie genommen?
did you take?

haben Sie gelesen? did
you read?

haben Sie getrunken?
did you drink?

haben Sie geschrieben?
did you write?

haben Sie gegessen?
did you eat?

EXERCISE

Answer the following questions:

1. Haben Sie den Autobus genommen?

2. Haben Sie den Zug genommen?

3. Haben Sie das Taxi genommen?

4. Haben Sie Kaffee getrunken?

5. Haben Sie Fisch gegessen?

6. Haben Sie das Buch gelesen?

7. Haben Sie die Postkarte geschrieben?

8. Haben Sie die Adresse geschrieben?

The correct answers are on the next page.

ich habe genommen, **ich habe gelesen,** I read
  I took **ich habe geschrieben,**
ich habe getrunken,   I wrote
  I drank

  ich habe gegessen, I ate

Answers to the questions on the previous page:

1. Ja, ich habe den Autobus genommen.

2. Ja, ich habe den Zug genommen.

3. Ja, ich habe das Taxi genommen.

4. Ja, ich habe Kaffee getrunken.

5. Ja, ich habe Fisch gegessen.

6. Ja, ich habe das Buch gelesen.

7. Ja, ich habe die Postkarte geschrieben.

8. Ja, ich habe die Adresse geschrieben.

was haben Sie gemacht? what did you do?

gestern, yesterday   **ich habe gearbeitet,**
ich habe gespielt, I played   I worked
ich habe gehört, I heard
Ich habe gestern Tennis gespielt. I played tennis
    yesterday. (I have yesterday tennis played.)

Was haben Sie gestern   Was haben Sie gestern
    gemacht?   gemacht?
Ich habe gestern   Ich habe gestern Golf
    Tennis gespielt.   gespielt.

Was haben Sie gestern   Was haben Sie gestern
    gemacht?   gemacht?
Ich habe gestern Radio   Ich habe gestern
    gehört.   gearbeitet.

ich habe gearbeitet, I worked
Sie haben gearbeitet, you worked
er hat gearbeitet, he worked
sie hat gearbeitet, she worked
wir haben gearbeitet, we worked
sie haben gearbeitet, they worked

ich habe gestellt, I put (past)

den Salzstreuer, the salt shaker

den Pfefferstreuer, the pepper shaker

auf den Tisch, on the table

das Glas, the glass

die Flasche, the bottle

Ich habe den Salzstreuer auf den Tisch gestellt. I put the salt shaker on the table. (I have the salt shaker on the table put.)

Ich habe den Salzstreuer auf den Tisch gestellt.

Ich habe den Pfefferstreuer auf den Tisch gestellt.

Ich habe das Glas auf den Tisch gestellt.

Ich habe die Flasche auf den Tisch gestellt.

Haben Sie das Glas auf den Tisch gestellt?
Did you put the glass on the table?

Haben Sie den Salzstreuer auf den Tisch gestellt?
Did you put the salt shaker on the table?

NOTES: Gestellt comes from the verb **stellen** which means to put something down in an upright position, such as a glass or a salt shaker.

On the following page the word **gelegt** comes from the verb **legen** which means to put something **down** in a flat position, such as a book or a paper.

See the notes on the previous page.

ich habe gelegt, I put (past)
die Zeitung, the newspaper
den Brief, the letter

auf den Tisch, on the table
die Zeitschrift, the magazine
das Buch, the book

Ich habe die Zeitung auf den Tisch gelegt.

Ich habe die Zeitschrift auf den Tisch gelegt.

Ich habe den Brief auf den Tisch gelegt.

Ich habe das Buch auf den Tisch gelegt.

Haben Sie die Zeitung auf den Tisch gelegt?
Did you put the newspaper on the table?
Haben Sie den Brief auf den Tisch gelegt?
Did you put the letter on the table?

ich habe gekauft, I bought
eine Krawatte, a tie

ein Kleid, a dress
ein Motorboot, a motor-
boat

Ich habe ein Kleid gekauft. I bought a dress. (I have
a dress bought.)

Ich habe ein Kleid
gekauft.

Ich habe eine
Krawatte gekauft.

Ich habe ein
Motorboot gekauft.

Ich habe ein Auto
gekauft.

Haben Sie ein Motorboot gekauft?
Did you buy a motorboat?

Haben Sie ein Kleid gekauft?
Did you buy a dress?

sagen to say	**ich habe gesagt** I said
spielen to play	**ich habe gespielt** I played
kaufen to buy	**ich habe gekauft** I bought
lachen to laugh	**ich habe gelacht** I laughed
weinen to cry	**ich habe geweint** I cried
arbeiten to work	**ich habe gearbeitet** I worked
lernen to learn	**ich habe gelernt** I learned
mieten to rent	**ich habe gemietet** I rented
besuchen. to visit	**ich habe besucht** I visited
machen to make, to do	**ich habe gemacht** I made, I did
öffnen to open	**ich habe geöffnet** I opened
tanzen to dance	**ich habe getanzt** I danced
malen to paint	**ich habe gemalt** I painted

Notice that the above verbs end in the letter **T** in the past tense.

LIST OF VERBS

waschen to wash	**ich habe gewaschen** I washed
lesen to read	**ich habe gelesen** I read (past)
sehen to see	**ich habe gesehen** I saw
essen to eat	**ich habe gegessen** I ate
schreiben to write	**ich habe geschrieben** I wrote
trinken to drink	**ich habe getrunken** I drank
nehmen to take	**ich habe genommen** I took
sprechen to speak	**ich habe gesprochen** I spoke
singen to sing	**ich habe gesungen** I sang
helfen to help	**ich habe geholfen** I helped
schlafen to sleep	**ich habe geschlafen** I slept
finden to find	**ich habe gefunden** I found
tragen to carry	**ich habe getragen** I carried

Notice that the above verbs end in the letters **EN** in the past tense.

In German you don't say "I went" you say "I am gone"
(ich bin gegangen).

ich bin gegangen, I went   **ins Hotel,** to the hotel
  (I am gone)   **ins Kino,** to the movies
ins Restaurant, to the
  restaurant

Ich bin ins Restaurant gegangen. I went to the
  restaurant. (I am to the restaurant gone.)

Ich bin ins Restaurant   Ich bin ins Hotel
     gegangen.   gegangen.

ch bin ins Kino   Ich bin ins Museum
    gegangen.   gegangen.

Sind Sie ins Restaurant gegangen?
Did you go to the restaurant?
Sind Sie ins Hotel gegangen?
Did you go to the hotel?
Sind Sie ins Kino gegangen?
Did you go to the movies?
Sind Sie ins Museum gegangen?
Did you go to the museum?

ich bin gegangen, I went
(I am gone)

ins Büro, to the office

ins Krankenhaus, to the hospital

ins Kaffeehaus, to the coffee shop

Ich bin ins Theater gegangen. I went to the theater.
(I am to the theater gone.)

Ich bin ins Theater gegangen.

Ich bin ins Büro gegangen.

Ich bin ins Kaffeehaus gegangen.

Ich bin ins Krankenhaus gegangen.

Sind Sie ins Theater gegangen?
Did you go to the theater?
Sind Sie ins Büro gegangen?
Did you go to the office?
Sind Sie ins Kaffeehaus gegangen?
Did you go to the coffee shop?
Sind Sie ins Krankenhaus gegangen?
Did you go to the hospital?

151

In German you don't say "did you go?" you say instead, "are you gone?" (sind Sie gegangen?).

sind Sie gegangen? did you go? (are you gone?)
ich bin gegangen, I went (I am gone)
in die Kirche,   **in die Bibliothek,** to the
   to church   library
Sind Sie in die Bank gegangen? Did you go to the
  bank? (Are you to the bank gone?)

Sind Sie in die Bank
   gegangen?
Ja, ich bin in die Bank
   gegangen.

Sind Sie in die Garage
   gegangen?
Ja, ich bin in die
   Garage gegangen.

Sind Sie in die Kirche
   gegangen?
Ja, ich bin in die
   Kirche gegangen.

Sind Sie in die
   Bibliothek
   gegangen?
Ja, ich bin in die
   Bibliothek
   gegangen.

Sind Sie in die Schule gegangen?
Did you go to school?
Ja, ich bin in die Schule gegangen.
Yes, I went to school.

sind Sie gegangen? did you go? (are you gone?)
ich bin gegangen, I went (I am gone)

zum Bahnhof, to the railroad station

zum Flugplatz, to the airport

Sind Sie in den Park gegangen? Did you go to the park? (Are you to the park gone?)

Sind Sie in den Park gegangen?
Ja, ich bin in den Park gegangen.

Sind Sie in den Klub gegangen?
Ja, ich bin in den Klub gegangen.

Sind Sie zum Bahnhof gegangen?
Ja, ich bin zum Bahnhof gegangen.

Sind Sie zum Flugplatz gegangen?
Ja, ich bin zum Flugplatz gegangen.

ich bin gegangen, I went
Sie sind gegangen, you went
er, sie ist gegangen, he, she went
wir sind gegangen, we went
sie sind gegangen, they went

153

sind Sie gegangen? did you go? (are you gone?)

EXERCISE

Answer the following questions:

1. Sind Sie ins Kino gegangen?

2. Sind Sie in die Bank gegangen?

3. Sind Sie in die Kirche gegangen?

4. Sind Sie in den Park gegangen?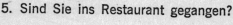

5. Sind Sie ins Restaurant gegangen?

6. Sind Sie ins Theater gegangen?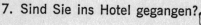

7. Sind Sie ins Hotel gegangen?

8. Sind Sie ins Büro gegangen?

The correct answers are on the following page.

ich bin gegangen, I went (I am gone)

Answers to the questions on the previous page:

1. Ja, ich bin ins Kino gegangen.

2. Ja, ich bin in die Bank gegangen.

3. Ja, ich bin in die Kirche gegangen.

4. Ja, ich bin in den Park gegangen.

5. Ja, ich bin ins Restaurant gegangen.

6. Ja, ich bin ins Theater gegangen.

7. Ja, ich bin ins Hotel gegangen.

8. Ja, ich bin ins Büro gegangen.

In German you don't say "I stayed" you say instead "I am stayed" (ich bin geblieben).

ich bin geblieben, I stayed (I am stayed)

im Wohnzimmer, in the living room

in der Küche, in the kitchen

im Büro, at the office

in der Schule, in school

Ich bin im Büro geblieben. I stayed at the office. (I am at the office stayed.)

Ich bin im Büro
geblieben.

Ich bin im
Wohnzimmer
geblieben.

Ich bin in der Schule
geblieben.

Ich bin in der Küche
geblieben.

Ich bin zu Hause geblieben.
I stayed home.
Ich bin in Berlin geblieben.
I stayed in Berlin.
Ich bin in Deutschland geblieben.
I stayed in Germany.
Sind Sie im Büro geblieben?
Did you stay at the office?

sind Sie geblieben? did you stay? (are you stayed?)
ich bin geblieben, I stayed (I am stayed)
am Flugplatz, at the
   airport
am Strand, at the
   seashore
im Klub, at the club
im Park, in the park
Sind Sie im Klub geblieben? Did you stay at the club?
   (Are you at the club stayed?)

Sind Sie im Klub
geblieben?
Ja, ich bin im Klub
geblieben.

Sind Sie im Park
geblieben?
Ja, ich bin im Park
geblieben.

Sind Sie am Flugplatz
geblieben?
Ja, ich bin am
Flugplatz geblieben.

Sind Sie am Strand
geblieben?
Ja, ich bin am Strand
geblieben.

   ich bin geblieben, I stayed
   Sie sind geblieben, you stayed
   er, sie ist geblieben, he, she stayed
   wir sind geblieben, we stayed
   sie sind geblieben, they stayed

In German you don't say "I was" you say instead "I am been" (ich bin gewesen).

ich bin gewesen, I was
   (I am been)

im Kino, at the movies

im Theater, in the theater
im Garten, in the garden

Ich bin im Kino gewesen. I was at the movies. (I am at the movies been.)

Ich bin im Kino gewesen.

Ich bin im Theater gewesen.

Ich bin im Garten gewesen.

Ich bin im Park gewesen.

Ich bin zu Hause gewesen. *I was at home.*
Ich bin am Strand gewesen. *I was at the seashore.*
Ich bin in Hamburg gewesen. *I was in Hamburg.*
Ich bin in Deutschland gewesen. *I was in Germany.*
Sind Sie im Kino gewesen? *Were you at the movies?*

sind Sie gewesen? were you? (are you been?)
ich bin gewesen, I was (I am been)
auf dem Flugplatz, at the airport **auf dem Land,** in the country
am Strand, at the seashore **am See,** at the lake
Sind Sie auf dem Flugplatz gewesen? Were you at the airport? (Are you at the airport been?)

Sind Sie auf dem Flugplatz gewesen?
Ja, ich bin auf dem Flugplatz gewesen.

Sind Sie auf dem Land gewesen?
Ja, ich bin auf dem Land gewesen.

Sind Sie am Strand gewesen?
Ja, ich bin am Strand gewesen.

Sind Sie am See gewesen?
Ja, ich bin am See gewesen.

ich bin gewesen, I was
Sie sind gewesen, you were
er, sie ist gewesen, he, she was
wir sind gewesen, we were
sie sind gewesen, they were

159

sind sie gewesen? were they? (are they been?)
Sind sie im Kino gewesen? Were they at the movies?
(Are they at the movies been?)
sie sind gewesen, they were

Sind sie im Kino
gewesen?
Ja, sie sind im Kino
gewesen.

Sind sie im Theater
gewesen?
Ja, sie sind im Theater
gewesen.

Sind sie im Garten
gewesen?
Ja, sie sind im Garten
gewesen.

Sind sie im Park
gewesen?
Ja, sie sind im Park
gewesen.

Sie sind zu Hause gewesen. *They were at home.*
Sie sind am Strand gewesen. *They were at the seashore.*
Sie sind in Berlin gewesen. *They were in Berlin.*
Sie sind in Deutschland gewesen. *They were in Germany.*

I am	ICH BIN	WIR SIND	we are
you are	SIE SIND	SIE SIND	you (pl.) are
he is	ER IST	SIE SIND	they are
she is	SIE IST		
it is	ES IST		

The past tense of the following verbs is formed with the verbs in the chart above.

Ich bin gekommen. I came (I am come).
Ich bin gegangen. I went (I am gone).
Ich bin gewesen. I was (I am been).
Ich bin geboren. I was born (I am born).
Ich bin angekommen. I arrived (I am arrived).
Ich bin zurückgekommen. I returned (I am come back).
Ich bin gesprungen. I jumped (I am jumped).
Ich bin gelaufen. I ran (I am run).
Ich bin geworden. I became (I am become).

EXAMPLES

Ich bin in Berlin geboren. I was born in Berlin.
Ich bin von Hamburg zurückgekommen. I returned from Hamburg.
Ich bin ins Büro gekommen. I came to the office.
Ich bin im Hotel angekommen. I arrived at the Hotel.
Er ist im Theater gewesen. He was at the theater.
Sie sind schnell gelaufen. They ran fast.
Sie ist gesund geworden. She got (became) well.

sind Sie geblieben? did you stay? (are you stayed?)
sind Sie gewesen? were you? (are you been?)
am Strand, at the　　　**auf dem Land,** in the
　seashore　　　　　　　　　country

EXERCISE

Answer the following questions:

1. Sind Sie im Park geblieben?

2. Sind Sie im Klub geblieben?

3. Sind Sie am Strand geblieben?

4. Sind Sie im Theater gewesen?

5. Sind Sie im Garten gewesen?

6. Sind Sie im Kino gewesen?

7. Sind Sie auf dem Land gewesen?

8. Sind Sie am Strand gewesen?

The correct answers are on the next page.

ich bin geblieben, I stayed (I am stayed)
ich bin gewesen, I was (I am been)
am Strand, at the   **auf dem Land,** in the
   seashore   country

Answers to the questions on the previous page:

1. Ja, ich bin im Park geblieben.

2. Ja, ich bin im Klub geblieben.

3. Ja, ich bin am Strand geblieben.

4. Ja, ich bin im Theater gewesen.

5. Ja, ich bin im Garten gewesen.

6. Ja, ich bin im Kino gewesen.

7. Ja, ich bin auf dem Land gewesen.

8. Ja, ich bin am Strand gewesen.

ich möchte gehen, I would like to go

zum Bahnhof, to the
railroad station

zum Ballett, to the ballet

nach Hause, home

zum Zirkus, to the circus

Ich möchte zum Bahnhof gehen. I would like to go to
the railroad station. (I would like to the railroad station to go.)

Ich möchte zum
Bahnhof gehen.

Ich möchte zum
Ballett gehen.

Ich möchte zum
Zirkus gehen.

Ich möchte nach
Hause gehen.

Möchten Sie zum Bahnhof gehen?
Would you like to go to the railroad station?
Möchten Sie zum Ballett gehen?
Möchten Sie zum Zirkus gehen?
Möchten Sie nach Hause gehen?

164

ich möchte gehen, I would like to go
zum Schuhmacher, to the   zum Juwelier, to the
  shoe repair shop   jewelry shop
zum Bäcker, to the baker zum Friseur, to the
                        barber
Ich möchte zum Schuhmacher gehen. I would like
  to go to the shoe repair shop. (I would like to the
  shoemaker to go.)

Ich möchte zum
Schuhmacher
gehen.

Ich möchte zum
Juwelier gehen.

Ich möchte zum
Bäcker gehen.

Ich möchte zum
Friseur gehen.

Möchten Sie zum Schuhmacher gehen?
Would you like to go to the shoe repair shop?
Möchten Sie zum Juwelier gehen?
Möchten Sie zum Bäcker gehen?
Möchten Sie zum Friseur gehen?

ich möchte, I would like   **eine Krawatte,** a necktie
sehen, to see   **eine Bluse,** a blouse
ja, mein Herr, yes, Sir   **einen Rock,** a skirt
ja, gnädige Frau, yes,   **ein Kleid,** a dress
    Ma'm

Ich möchte eine Krawatte sehen. I would like to see
a necktie. (I would like a necktie to see.)

Ich möchte eine
    Krawatte sehen.
Ja, mein Herr.

Ich möchte eine Bluse
    sehen.
Ja, gnädige Frau.

Ich möchte einen
    Rock sehen.
Ja, gnädige Frau.

Ich möchte ein Kleid
    sehen.
Ja, gnädige Frau.

Ich möchte ein Radio sehen.
Ich möchte einen Schal sehen.
I would like to see a scarf.
Ich möchte einen Anzug sehen.
I would like to see a suit.

ich möchte kaufen, I would like to buy
einen Ring, a ring   **eine Uhr,** a watch
einen Schal, a scarf   **ein Paar Schuhe,** a pair
                   of shoes
Ich möchte einen Ring kaufen. I would like to buy a
  ring. (I would like a ring to buy.)

Ich möchte einen Ring
  kaufen.

Ich möchte eine Uhr
  kaufen.

Ich möchte einen
  Schal kaufen.

Ich möchte ein Paar
  Schuhe kaufen.

Möchten Sie einen Ring kaufen?
Would you like to buy a ring?
Möchten Sie eine Uhr kaufen?
Möchten Sie einen Schal kaufen?
Möchten Sie ein Paar Schuhe kaufen?

möchten Sie gehen? would you like to go?
ich möchte gehen, I would like to go
ins Kino, to the movies   **in den Park,** to the park
ins Theater, to the theater   **mit Ihnen,** with you
zum Ballett, to the ballet   **mit mir,** with me
Möchten Sie mit mir ins Kino gehen? Would you like
   to go to the movies with me? (Would you like with
   me to the movies to go?)

Möchten Sie mit mir
   ins Kino gehen?
Ja, ich möchte mit
   Ihnen ins Kino
   gehen.

Möchten Sie mit mir
   in den Park gehen?
Ja, ich möchte mit
   Ihnen in den Park
   gehen.

Möchten Sie mit mir
   ins Theater gehen?
Ja, ich möchte mit
   Ihnen ins Theater
   gehen.

Möchten Sie mit mir
   zum Ballett gehen?
Ja, ich möchte mit
   Ihnen zum Ballett
   gehen.

möchten Sie gehen? would you like to go?
ich möchte gehen, I would like to go

schwimmen, to swim
(swimming)

einkaufen, to shop
(shopping)

mit Ihnen, with you

fischen, to fish (fishing)
tanzen, to dance
mit mir, with me

Möchten Sie mit mir schwimmen gehen? Would you
like to go swimming with me? (Would you like with
me to swim to go?)

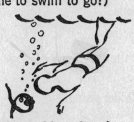

Möchten Sie mit mir
schwimmen gehen?
Ja, ich möchte mit
Ihnen schwimmen
gehen.

Möchten Sie mit mir
fischen gehen?
Ja, ich möchte mit
Ihnen fischen
gehen.

Möchten Sie mit mir
einkaufen gehen?
Ja, ich möchte mit
Ihnen einkaufen
gehen.

Möchten Sie mit mir
tanzen gehen?
Ja, ich möchte mit
Ihnen tanzen gehen.

möchten Sie gehen? would you like to go?
möchten Sie kaufen? would you like to buy?

EXERCISE

Answer the following questions:

1. Möchten Sie zum Ballett gehen?

2. Möchten Sie zum Zirkus gehen?

3. Möchten Sie nach Hause gehen?

4. Möchten Sie zum Schuhmacher gehen?

5. Möchten Sie zum Bäcker gehen?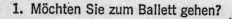

6. Möchten Sie zum Friseur gehen?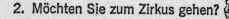

7. Möchten Sie einen Ring kaufen?

8. Möchten Sie eine Uhr kaufen?

The correct answers are on the following page.

ich möchte gehen, I would like to go
ich möchte kaufen, I would like to buy

Answers to the questions on the previous page:

1. Ja, ich möchte zum Ballett gehen.

2. Ja, ich möchte zum Zirkus gehen.

3. Ja, ich möchte nach Hause gehen.

4. Ja, ich möchte zum Schuhmacher gehen.

5. Ja, ich möchte zum Bäcker gehen.

6. Ja, ich möchte zum Friseur gehen.

7. Ja, ich möchte einen Ring kaufen.

8. Ja, ich möchte eine Uhr kaufen.

möchten Sie? would you like?
ich möchte, I would like

Möchten Sie Tennis spielen?
Would you like to play tennis?

Möchten Sie reisen?
Would you like to travel?
Möchten Sie nach Deutschland gehen?
Would you like to go to Germany?
Möchten Sie nach Berlin gehen?
Would you like to go to Berlin?
Möchten Sie deutsch lernen?
Would you like to learn German?
Möchten Sie deutsch sprechen?
Would you like to speak German?
Möchten Sie heute ins Kino gehen?
Would you like to go to the movies today?
Möchten Sie heute Abend ins Theater gehen?
Would you like to go to the theater tonight?
Ich möchte heute Abend ins Theater gehen.
I would like to go to the theater tonight.
Ich möchte ein Auto mieten.
I would like to rent a car.
Ich möchte in die Stadt gehen.
I would like to go downtown.

Ich liebe dich. I love you.
Ich liebe dich sehr. I love you very much.
Ich liebe ihn. I love him.
Ich liebe sie. I love her.
Ich liebe meine Mutter. I love my mother.

Er ist krank. He's ill.
Sie ist gesund. She is well.
Was machen Sie? What are you doing?
    What do you do?
Wie ist das Wetter? How is the weather?
Es ist heiss. It's hot.
Es ist kalt. It's cold.
Es ist kühl. It's cool.
Das Wetter ist schön. It's nice weather.
Das Wetter ist schlecht. It's bad weather.
Es ist mir kalt. I'm cold.
Es ist mir heiss. I'm hot.
Wie alt sind Sie? How old are you?
Ich bin zwanzig Jahre alt. I'm twenty years old.
Peter ist zwei Jahre alt. Peter is two years old.
Was bedeutet das? What does that mean?

darf ich? may I? **tragen,** to carry
Sie dürfen, you may **zahlen,** to pay
das Paket, the package **spielen,** to play
der Koffer, the suitcase **die Rechnung,** the bill
Darf ich den Koffer tragen? May I carry the suitcase?
(May I the suitcase carry?)

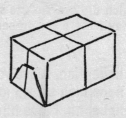

Darf ich den Koffer
  tragen?
Ja, Sie dürfen den
  Koffer tragen.

Darf ich das Paket
  tragen?
Ja, Sie dürfen das
  Paket tragen.

Darf ich die Rechnung
  zahlen?
Ja, Sie dürfen die
  Rechnung zahlen.

Darf ich Tennis
  spielen?
Ja, Sie dürfen Tennis
  spielen.

Darf ich eintreten? *May I come in?*
Darf ich Klavier spielen? *May I play the piano?*
Darf ich Golf spielen? *May I play golf?*

174

darf ich sehen? may I
  see?
ja, mein Herr, yes, Sir
ja, gnädige Frau, yes,
  Ma'm
ja, mein Fräulein, yes,
  Miss

das Buch, the book
das Programm, the
  program
die Landkarte, the map
die Speisekarte, the menu

Darf ich die Speisekarte sehen? May I see the menu?
  (May I the menu to see?)

Darf ich das Buch
  sehen?
Ja, mein Herr.

Darf ich das
  Programm sehen?
Ja, mein Fräulein.

Darf ich eine
  Landkarte sehen?
Ja, mein Herr.

Darf ich die
  Speisekarte sehen?
Ja, gnädige Frau.

Darf ich mich vorstellen? *May I introduce myself?*
Ich heisse Johann Müller. *My name is John Miller.*
Darf ich mich setzen? *May I sit down?*

175

müssen Sie? must you? do you have to?
ich muss, I must, I have to
studieren, to study·   **gehen,** to go
arbeiten, to work   **weggehen,** to leave

Müssen Sie studieren?
Ja, ich muss studieren.

Müssen Sie arbeiten? Ja, ich muss arbeiten.
Müssen Sie gehen? Ja, ich muss gehen.
Müssen Sie weggehen? Ja, ich muss weggehen.

Müssen Sie den Brief schreiben?
Do you have to write the letter?

Müssen Sie die Sätze schreiben?
Do you have to write the sentences?

Müssen Sie Ihrer Mutter schreiben?
Do you have to write to your mother?

Müssen Sie Ihrem Vater schreiben?
Do you have to write to your father?

    ich muss, I must
    Sie müssen, you must
    er, sie muss, he, she must
    wir müssen, we must
    sie müssen, they must

müssen Sie? must you? do you have to?
ich muss, I must, I have to

kaufen, to buy
eine Fahrkarte, a ticket
  (vehicles)

einen Schirm, an umbrella
eine Füllfeder, a fountain pen

Müssen Sie eine Fahrkarte kaufen? Do you have to buy a ticket? (Must you a ticket buy?)

Müssen Sie eine
  Fahrkarte kaufen?
Ja, ich muss eine
  Fahrkarte kaufen.

Müssen Sie einen
  Schirm kaufen?
Ja, ich muss einen
  Schirm kaufen.

Müssen Sie eine
  Füllfeder kaufen?
Ja, ich muss eine
  Füllfeder kaufen.

Müssen Sie ein Auto
  kaufen?
Ja, ich muss ein Auto
  kaufen.

der Zug, the train **der Autobus,** the bus
das Flugzeug, the airplane **das Schiff,** the boat
Um wieviel Uhr geht der Zug ab? At what time does
the train leave? (At what hour goes the train away?)

Um wieviel Uhr geht
der Zug ab?

Um wieviel Uhr geht
das Schiff ab?

Um wieviel Uhr geht
der Autobus ab?

Um wieviel Uhr geht
das Flugzeug ab?

Der Zug geht um neun Uhr ab.
The train leaves at nine o'clock.

Der Autobus geht um sieben Uhr ab.
The bus leaves at seven o'clock.

Das Flugzeug geht um drei Uhr ab.
The airplane leaves at three o'clock.

Das Schiff geht um zwölf Uhr ab.
The boat leaves at twelve o'clock.

um zwei Uhr, at two o'clock

der Zug, the train   **der Autobus,** the bus

das Flugzeug, the airplane   **das Schiff,** the boat

Um wieviel Uhr kommt der Zug an? At what time does
  the train arrive? (At what hour comes the train on?)

Um wieviel Uhr kommt der Zug an?
Der Zug kommt um zwei Uhr an.

Um wieviel Uhr kommt das Schiff an?
Das Schiff kommt um fünf Uhr an.

Um wieviel Uhr kommt der Autobus an?
Der Autobus kommt um acht Uhr an.

Um wieviel Uhr kommt das Flugzeug an?
Das Flugzeug kommt um zehn Uhr an.

werden Sie gehen? will you go?

ich werde gehen, I'll go

Werden Sie morgen ins Kino gehen? Will you go to the movies tomorrow? (Will you tomorrow to the movies go?)

ins Theater, to the theater

morgen, tomorrow

ins Kino, to the movies

Werden Sie morgen
   ins Kino gehen?
Ja, ich werde morgen
   ins Kino gehen.

Werden Sie morgen
   ins Theater gehen?
Ja, ich werde morgen
   ins Theater gehen.

Werden Sie morgen ins
   Restaurant gehen?
Ja, ich werde morgen
   ins Restaurant
   gehen.

Werden Sie morgen ins
   Kaffeehaus gehen?
Ja, ich werde morgen
   ins Kaffeehaus
   gehen.

ich werde gehen, I'll go
Sie werden gehen, you will go
er wird gehen, he will go
sie wird gehen, she will go
wir werden gehen, we'll go
sie werden gehen, they will go

werden Sie kaufen? will you buy?

ich werde kaufen, I'll buy

ein Kleid, a dress

Handschuhe, gloves

Werden Sie in Deutschland ein Auto kaufen? Will you buy a car in Germany? (Will you in Germany a car buy?)

Werden Sie in Deutschland ein Auto kaufen?
Ja, ich werde in Deutschland ein Auto kaufen.

Werden Sie in Deutschland ein Kleid kaufen?
Ja, ich werde in Deutschland ein Kleid kaufen.

Werden Sie in Deutschland Schuhe kaufen?
Ja, ich werde in Deutschland Schuhe kaufen.

Werden Sie in Deutschland Handschuhe kaufen?
Ja, ich werde in Deutschland Handschuhe kaufen.

ich werde kaufen, I'll buy
Sie werden kaufen, you will buy
er wird kaufen, he will buy
sie wird kaufen, she will buy
wir werden kaufen, we'll buy
sie werden kaufen, they will buy

werden Sie tragen? will you wear?

ich werde tragen, I'll wear

einen Badeanzug, a bathing suit

einen Hut, a hat

ein Abendkleid, an evening gown

einen Pullover, a sweater

Werden Sie einen Hut tragen? Will you wear a hat?
(Will you a hat wear?)

Werden Sie einen Hut
  tragen?
Ja, ich werde einen
  Hut tragen.

Werden Sie ein
  Abendkleid tragen?
Ja, ich werde ein
  Abendkleid tragen.

Werden Sie einen
  Badeanzug tragen?
Ja, ich werde einen
  Badeanzug tragen.

Werden Sie einen
  Pullover tragen?
Ja, ich werde einen
  Pullover tragen.

Was werden Sie tragen?
What will you wear?
Was werden Sie heute Abend tragen?
What will you wear tonight?
Was werden Sie morgen tragen?
What will you wear tomorrow?
Ich werde morgen mein blaues Kleid tragen.
I'll wear my blue dress tomorrow.

werden Sie kommen?
   will you come?
ich werde kommen,
   I'll come
Werden Sie mit mir in den Park kommen? Will you
   come to the park with me? (Will you with me to the
   park come?)

mit mir, with me
mit Ihnen, with you

Werden Sie mit mir in
   den Park kommen?
Ja, ich werde mit
   Ihnen in den Park
   kommen.

Werden Sie mit mir ins
   Museum kommen?
Ja, ich werde mit
   Ihnen ins Museum
   kommen.

Werden Sie mit mir ins
   Konzert kommen?
Ja, ich werde mit
   Ihnen ins Konzert
   kommen.

Werden Sie mit mir in
   den Klub kommen?
Ja, ich werde mit
   Ihnen in den Klub
   kommen.

zurückkommen, to come back
   Werden Sie zurückkommen?
   Will you come back?
   Werden Sie bald zurückkommen?
   Will you come back soon?
   Werden Sie heute Abend zurückkommen?
   Will you come back tonight?
   Werden Sie spät zurückkommen?
   Will you be (come) back late?

werden Sie nehmen?
will you take?

einen Zug, a train
ein Flugzeug, an airplane

ich werde nehmen, I'll
take

Ich werde einen Zug nach Berlin nehmen. I'll take
a train to Berlin. (I shall a train to Berlin take.)

Werden Sie einen Zug
nach Berlin
nehmen?
Ja, ich werde einen
Zug nach Berlin
nehmen.

Werden Sie ein
Flugzeug nach
Berlin nehmen?
Ja, ich werde ein
Flugzeug nach
Berlin nehmen.

Werden Sie ein Taxi
nehmen?
Ja, ich werde ein Taxi
nehmen.

Werden Sie einen
Autobus nehmen?
Ja, ich werde einen
Autobus nehmen.

Werden sie heute Abend das Auto nehmen?
Will they take the car tonight?

Werden Sie zu Hause sein? Will you be at home?

Werden Sie im Büro sein? Will you be at the office?

Werden Sie beschäftigt sein? Will you be busy?

Werden Sie böse sein? Will you be angry?

Werden Sie froh sein? Will you be glad?

Werden Sie fertig sein? Will you be ready?

Werden Sie um fünf fertig sein? Will you be ready at five?

Werden Sie dort sein? Will you be there?

pünktlich, on time, punctually

Werden Sie pünktlich sein? Will you be on time?

Werden Sie pünktlich hier sein? Will you be here on time?

Werden Sie pünktlich dort sein? Will you be there on time?

Wird es morgen schön sein? Will the weather be nice tomorrow?

Werden Sie morgen bei Peter sein? Will you be with Peter tomorrow?

Ich werde es nehmen. I'll take it. (I shall it take.)

Ich werde es senden. I'll send it.

Ich werde es bringen. I'll bring it.

Ich werde es tun. I'll do it.

Ich werde ihn sehen. I'll see him.

Ich werde sie sehen. I'll see her.

Ich werde es sehen. I'll see it.

Ich werde gehen. I'll go.

Ich werde auch gehen. I'll go too.

Ich werde mit Ihnen gehen. I'll go with you.

Ich werde früh zurückkommen. I'll come back early.

werden Sie gehen? will you go?
werden Sie kaufen? will you buy?
werden Sie tragen? will you wear?

EXERCISE

Answer the following questions:

1. Werden Sie ins Kino gehen?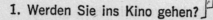

2. Werden Sie ins Restaurant gehen?

3. Werden Sie ins Theater gehen?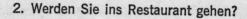

4. Werden Sie ein Auto kaufen?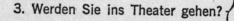

5. Werden Sie ein Kleid kaufen?

6. Werden Sie Schuhe kaufen?

7. Werden Sie Handschuhe kaufen?

8. Werden Sie einen Hut tragen?

The correct answers are on the next page.

ich werde gehen, I'll go
ich werde kaufen, I'll buy
ich werde tragen, I'll wear

Answers to the questions on the previous page:

1. Ja, ich werde ins Kino gehen.

2. Ja, ich werde ins Restaurant gehen.

3. Ja, ich werde ins Theater gehen.

4. Ja, ich werde ein Auto kaufen.

5. Ja, ich werde ein Kleid kaufen.

6. Ja, ich werde Schuhe kaufen.

7. Ja, ich werde Handschuhe kaufen.

8. Ja, ich werde einen Hut tragen.

List of words in the composition on the next page.

WIEN
(VIENNA)

Ich bin in Wien. I'm in Vienna.
eine sehr schöne Stadt, a very pretty city
es gibt, there are
hier, here
alte Kirchen, old churches
und, and
schöne Museen, beautiful museums
auch, also
ein grosses Opernhaus, a big opera house
viele Theater, many theaters
Wien ist bekannt, Vienna is known
für gute Musik, for good music
gutes Essen, good food
ich gehe, I go
oft, often
zu Konzerten, to concerts
ich höre, I hear
die wunderschönen Walzer, the beautiful waltzes
von, of
ins Theater, to the theater
die Theaterstücke, the plays
sind sehr interessant, are very interesting
bei schönem Wetter, in nice weather
gehe ich, I go (go I)
in den Park, to the park
ich sitze auf einer Bank, I sit on a bench
in der Sonne, in the sun
am Abend, in the evening
ins Kaffeehaus, to the coffee house
Ich trinke eine Tasse Kaffee. I drink a cup of coffee.
die Atmosphäre in der Stadt, the atmosphere in the city
sehr gemütlich, very charming
viele amerikanische Touristen, many American tourists
Sie sprechen englisch. They speak English.
ich spreche, I speak
mit ihnen, with them
nur, only
deutsch, German
Ich will schnell englisch lernen. I want to learn English quickly.

WIEN
(VIENNA)

Ich bin in Wien. Wien ist eine sehr schöne Stadt. Es gibt hier alte Kirchen und schöne Museen.

Alte Kirchen

Es gibt auch ein grosses Opernhaus und viele Theater. Wien ist bekannt für gute Musik und gutes Essen.

Gute Musik

Ich gehe oft zu Konzerten. Ich höre die wunderschönen Walzer von Johann Strauss.

 Ich gehe auch ins Theater.
Die Theaterstücke sind sehr
interessant.

Bei schönem Wetter gehe ich in den Park.
Ich sitze auf einer Bank in der Sonne.

Am Abend gehe ich ins Kaffeehaus. Ich trinke
eine Tasse Kaffee. Die Atmosphäre in der Stadt
ist sehr gemütlich.

Es gibt hier viele amerikanische Touristen. Sie
sprechen englisch. Ich spreche nicht englisch
mit ihnen. Ich spreche nur deutsch. Ich will
schnell englisch lernen.

Amerikanische Touristen

ist, is
sauber, clean
schmutzig, dirty
der Teller, the plate
der Löffel, the spoon
das Glas, the glass

der Krug, the pitcher
die Serviette, the napkin
das Tischtuch, the tablecloth
das Messer, the knife

1. Ist der Löffel sauber?
   Ja, der Löffel ist sauber.

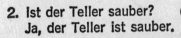

2. Ist der Teller sauber?
   Ja, der Teller ist sauber.

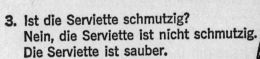

3. Ist die Serviette schmutzig?
   Nein, die Serviette ist nicht schmutzig.
   Die Serviette ist sauber.

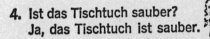

4. Ist das Tischtuch sauber?
   Ja, das Tischtuch ist sauber.

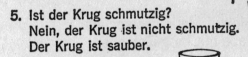

5. Ist der Krug schmutzig?
   Nein, der Krug ist nicht schmutzig.
   Der Krug ist sauber.

6. Ist das Glas sauber?
   Ja, das Glas ist sauber.

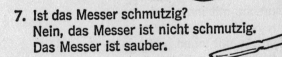

7. Ist das Messer schmutzig?
   Nein, das Messer ist nicht schmutzig.
   Das Messer ist sauber.

mit ihm, with him
mit ihr, with her
haben Sie gesprochen? did you talk?
Haben Sie mit ihm gesprochen? Did you talk to him?
(Have you with him talked?)
Ja, ich habe mit ihm gesprochen. Yes, I talked to him.

Haben Sie mit ihm gesprochen?
Ja, ich habe mit ihm gesprochen.

Haben Sie mit ihr gesprochen?
Ja, ich habe mit ihr gesprochen.

Haben Sie mit Peter gesprochen?
Ja, ich habe mit ihm gesprochen.

Haben Sie mit Marie gesprochen?
Ja, ich habe mit ihr gesprochen.

Ich spreche mit ihm.
I talk to him. I am talking to him.
Ich spreche mit ihr.
I talk to her. I am talking to her.
Ich spreche mit ihnen.
I talk to them. I am talking to them.

mit ihm, with him
mit ihr, with her
mit ihnen, with them

Haben Sie mit ihm gesprochen? Did you talk to him?
(Have you with him talked?)

gestern, yesterday   **heute Morgen,** this
heute, today   morning
heute Abend, tonight

Haben Sie gestern mit ihm gesprochen?
Ja, ich habe gestern mit ihm gesprochen.

Haben Sie heute mit ihm gesprochen?
Ja, ich habe heute mit ihm gesprochen.

Haben Sie heute Morgen mit ihm gesprochen?
Ja, ich habe heute Morgen mit ihm gesprochen.

Haben Sie heute Abend mit ihr gesprochen?
Ja, ich habe heute Abend mit ihr gesprochen.

Haben Sie gestern mit ihr gesprochen?
Ja, ich habe gestern mit ihr gesprochen.

Haben Sie heute mit ihnen gesprochen?
Ja, ich habe heute mit ihnen gesprochen.

Haben Sie heute Morgen mit ihnen gesprochen?
Ja, ich habe heute Morgen mit ihnen gesprochen.

ich wollte, I wanted   **spielen,** to play
gehen, to go   **kaufen,** to buy
Ich wollte Karten spielen. I wanted to play cards. (I
    wanted cards to play.)

Ich wollte Karten
    spielen.

Ich wollte ins Kino
    gehen.

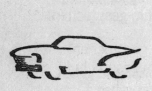

Ich wollte ein Auto
kaufen.

Ich wollte ein Boot
kaufen.

ich wollte, I wanted
Sie wollten, you wanted
er wollte, he wanted
sie wollte, she wanted
wir wollten, we wanted
sie wollten, they wanted

Wollten Sie Karten spielen?
Did you want to play cards?

Wollten Sie ins Kino gehen?
Did you want to go to the movies?

ich wollte, I wanted
wollten Sie? did you want?
gehen, to go
einen Brief, a letter
sie wollte, she wanted

schreiben, to write
schwimmen, to swim
studieren, to study
er wollte, he wanted
wir wollten, we wanted

Wollten Sie einen
    Brief schreiben?
Ja, ich wollte einen
    Brief schreiben.

Wollten Sie
    schwimmen?
Ja, ich wollte
    schwimmen.

Ich wollte nach Deutschland gehen.
Ich wollte ins Theater gehen.
Ich wollte studieren.
Er wollte ins Museum gehen.
Er wollte schwimmen.
Sie wollte ins Kino gehen.
Sie wollte einen Brief schreiben.
Sie wollte schwimmen.
Wir wollten ins Restaurant gehen.
Wir wollten studieren.
Wir wollten schwimmen.
Wir wollten nach Berlin gehen.

Wollten sie ins Kino gehen?
Did they want to go to the movies?

Wollte er ein Boot kaufen?
Did he want to buy a boat?

wo ist? where is?
mein, my (masc.)
Ihr, your (masc.)
Bleistift, pencil
Schirm, umbrella

auf dem Tisch, on the table
auf dem Stuhl, on the chair
Regenmantel, raincoat

Wo ist Ihr Hut?
Mein Hut ist auf dem Stuhl.

Wo ist Ihr Schirm?
Mein Schirm ist auf dem Stuhl.

Wo ist Ihr Regenmantel?
Mein Regenmantel ist auf dem Stuhl.

Wo ist Ihr Bleistift?
Mein Bleistift ist auf dem Tisch.

Wo ist sein Vater? *Where is his father?*
Sein Vater ist zu Hause. *His father is at home.*

Wo ist ihr Bruder? *Where is her brother?*
Ihr Bruder ist im Park. *Her brother is in the park.*

Wo ist Ihr Onkel? *Where is your uncle?*

wo ist? where is?
meine, my (fem.)
Ihre, your (fem.)
Bluse, blouse
Feder, pen

auf dem Stuhl, on the
  chair
Handtasche, purse
auf dem Tisch, on the
  table

Wo ist Ihre Bluse?
Meine Bluse ist auf
  dem Stuhl.

Wo ist Ihre
  Handtasche?
Meine Handtasche ist
  auf dem Stuhl.

Wo ist Ihre Uhr?
Meine Uhr ist auf
  dem Tisch.

Wo ist Ihre Feder?
Meine Feder ist auf
  dem Tisch.

Wo ist seine Mutter? *Where is his mother?*
Seine Mutter ist zu Hause. *His mother is at home.*

Wo ist seine Schwester? *Where is his sister?*
Seine Schwester ist in der Schule. *His sister is in school.*

Wo ist Ihre Tante? *Where is your aunt?*

wo ist? where is?
mein, my (neut.)
Ihr, your (neut.)
Hemd, shirt

auf dem Tisch, on the table
auf dem Stuhl, on the chair
Kleid, dress

Wo ist Ihr Auto?
Mein Auto ist in der Garage.

Wo ist Ihr Buch?
Mein Buch ist auf dem Tisch.

Wo ist Ihr Hemd?
Mein Hemd ist auf dem Stuhl.

Wo ist Ihr Kleid?
Mein Kleid ist auf dem Stuhl.

Wo ist sein Auto?
Where is his car?
Sein Auto ist in der Garage.
His car is in the garage.

Wo ist ihr Kind?
Where is her child?
Ihr Kind ist zu Hause.
Her child is at home.

Wo sind Ihre Schuhe?
Where are your shoes?
Meine Schuhe sind unter dem Stuhl.
My shoes are under the chair.

sehen Sie? do you see?
ich sehe ihn, I see it (masc.), him
den Schlüssel, the key
den Mond, the moon
den Zug, the train
den Pfennig, the penny

Sehen Sie den Mond? Do you see the moon?

Sehen Sie den Mond?
Ja, ich sehe ihn.

Sehen Sie den Zug?
Ja, ich sehe ihn.

Sehen Sie den
Schlüssel?
Ja, ich sehe ihn.

Sehen Sie den
Pfennig?
Ja, ich sehe ihn.

Ich sehe ihn. *I see him.*
Ich kenne ihn. *I know him.*
Ich rufe ihn. *I call him.*
Er fragt mich. *He asks me.*
Er kennt mich. *He knows me.*
Er besucht mich. *He visits me.*

sehen Sie? do you see?
ich sehe sie, I see it (fem.),
  her
die Rose, the rose
Sehen Sie die Rose? Do you see the rose?

die Sonne, the sun
die Katze, the cat
die Füllfeder, the
  fountain pen

Sehen Sie die Rose?
Ja, ich sehe sie.

Sehen Sie die Sonne?
Ja, ich sehe sie.

Sehen Sie die Katze?
Ja, ich sehe sie.

Sehen Sie die
  Füllfeder?
Ja, ich sehe sie.

Ich sehe sie. *I see her.*
Ich kenne sie. *I know her.*
Ich rufe sie. *I call her.*
Ich besuche sie. *I visit her.*
Ich lehre sie. *I teach her.*
Ich verstehe Sie. *I understand you.*
Ich verstehe Sie nicht. *I don't understand you.*
Ich kenne Sie gut. *I know you well.*

200

sehen Sie? do you see?   **das Flugzeug,** the airplane
ich sehe es, I see it (neut.)   **das Auto,** the car
das Bild, the picture   **das Schiff,** the boat
Sehen Sie das Bild? Do you see the picture?

Sehen Sie das Bild?   Sehen Sie das Auto?
Ja, ich sehe es.   Ja, ich sehe es.

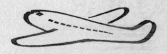

Sehen Sie das Schiff?   Sehen Sie das
Ja, ich sehe es.   Flugzeug?
                         Ja, ich sehe es.

Ich weiss es. *I know it.*
Ich verstehe es. *I understand it.*
Ich zweifle es. *I doubt it.*
Ich glaube es. *I believe it.*
Verstehen Sie es? *Do you understand it?*
Wissen Sie es? *Do you know it?*
Glauben Sie es? *Do you believe it?*

sehen Sie? do you see?
ich sehe sie, I see them (masc., fem., neut.)
die Mädchen, the girls
die Jungen, the boys

die Blumen, the flowers
die Sterne, the stars

Sehen Sie die
Mädchen?
Ja, ich sehe sie.

Sehen Sie die Jungen?
Ja, ich sehe sie.

Sehen Sie die
Blumen?
Ja, ich sehe sie.

Sehen Sie die Sterne?
Ja, ich sehe sie.

Ich kaufe sie. *I buy them.*
Er verkauft sie. *He sells them.*
Sie sieht sie. *She sees them.*

UNS means **US**

Er versteht uns. *He understands us.*
Er kennt uns. *He knows us.*
Er glaubt uns. *He believes us.*

me	mich	uns	us
you	Sie	Sie	you
him	ihn	sie	them
her	sie		
it	es		

Ich habe ihn gestern gesehen.
I saw him yesterday.

Wir haben sie gestern gesehen.
We saw her yesterday.

Haben Sie ihn gesehen?
Did you see him?

Haben Sie sie gesehen?
Did you see her?

Er hat mich angerufen.
He called me.

Er hat mich zum Ballett eingeladen.
He invited me to the ballet.

Sie haben uns besucht.
They visited us.

Wir haben sie besucht.
We visited them.

Wir haben sie im Theater gesehen.
We saw them in the theater.

Sie haben uns eingeladen.
They invited us.

Wir kennen sie sehr gut.
We know them very well

Sie verstehen uns nicht.
They don't understand us.

Was ist los? What's the matter?
Es regnet. It's raining.
Es schneit. It's snowing.
Es ist windig. It's windy.
Es ist in Ordnung. It's alright. It's O.K.
Das stimmt. That's right.
Sie haben recht. You are right.
Ich habe recht. I am right.
Sie haben unrecht. You are wrong.
Es kommt darauf an. It depends.
Freilich. To be sure.
Gewiss. Certainly, of course.
Sicher. Sure. Surely.
Natürlich. Naturally.
Das ist genug. That's enough.
Ich habe genug Geld. I have enough money.
Es kann sein. Maybe.
Es macht nichts. It doesn't matter.
Wissen Sie? Do you know? (a fact)
Ich weiss nicht. I don't know.
Kennen Sie? Do you know? (a person)
Ich kenne ihn nicht. I don't know him.
Wirklich? Really?
Nachher. Afterwards.
Ausgezeichnet. Excellent.
Mehr. More.
Weniger. Less.
Schon. Already.

ihm, to him
ihr, to her
haben Sie geschrieben? did you write?
haben Sie ihm geschrieben? did you write to him?
haben Sie ihr geschrieben? did you write to her?
ich habe ihm geschrieben, I wrote to him
ich habe ihr geschrieben, I wrote to her
heute Morgen, this morning   **heute,** today
an, to

Haben Sie an Peter geschrieben?
Ja, ich habe ihm geschrieben.

Haben Sie ihm heute Morgen geschrieben?
Ja, ich habe ihm heute Morgen geschrieben.

Haben Sie an Marie geschrieben?
Ja, ich habe ihr geschrieben.

Haben Sie ihr heute Morgen geschrieben?
Ja, ich habe ihr heute Morgen geschrieben.

Haben Sie ihm heute geschrieben?
Ja, ich habe ihm heute geschrieben.

Haben Sie ihr heute geschrieben?
Nein, ich habe ihr heute nicht geschrieben.

ihnen, (to) them
Ihnen, (to) you
haben Sie geholfen? did you help?
haben Sie ihnen geholfen? did you help them?
hat er Ihnen geholfen? did he help you?
hat sie Ihnen geholfen? did she help you?
heute, today   **mir,** me

Haben Sie geholfen?
Ja, ich habe geholfen.

Haben Sie ihnen geholfen?
Ja, ich habe ihnen geholfen.

Hat er Ihnen geholfen?
Ja, er hat mir geholfen.

Hat sie Ihnen geholfen?
Nein, sie hat mir nicht geholfen.

Haben Sie ihnen heute geholfen?
Ja, ich habe ihnen heute geholfen.

Hat er Ihnen heute geholfen?
Ja, er hat mir heute geholfen.

ihm, (to) him·
ihr, (to) her

haben Sie gegeben? did you give?
haben Sie ihm gegeben? did you give him?
haben Sie ihr gegeben? did you give her?
ich habe ihm gegeben, I gave him
ich habe ihr gegeben, I gave her

Haben Sie ihm ein
   Buch gegeben?
Ja, ich habe ihm ein
   Buch gegeben.

Haben Sie ihm einen
   Ball gegeben?
Ja, ich habe ihm einen
   Ball gegeben.

Haben Sie ihr einen
   Ring gegeben?
Ja, ich habe ihr einen
   Ring gegeben.

Haben Sie ihr ein
   Radio gegeben?
Ja, ich habe ihr ein
   Radio gegeben.

Er hat mir ein Buch gegeben. *He gave me a book.*
Er hat mir einen Ring gegeben. *He gave me a ring.*
Er hat uns ein Radio gegeben. *He gave us a radio.*

to me	mir	uns	to us
to you	Ihnen	Ihnen	to you (pl.)
to him	ihm	ihnen	to them
to her	ihr		

Hat er Ihnen geschrieben? *Did he write to you?*
Ja, er hat mir geschrieben. *Yes, he wrote to me.*

Hat er ihr geschrieben? *Did he write to her?*
Ja, er hat ihr geschrieben. *Yes, he wrote to her.*

Haben Sie ihm geschrieben? *Did you write to him?*
Ja, ich habe ihm geschrieben. *Yes, I wrote to him.*

Haben Sie ihnen geschrieben? *Did you write to them?*
Ja, ich habe ihnen geschrieben. *Yes, I wrote to them.*

Hat er uns geschrieben? *Did he write to us?*
Ja, er hat uns geschrieben. *Yes, he wrote to us.*

Haben Sie ihm das Paket gebracht?
Did you bring him the package?
Ja, ich habe ihm das Paket gebracht.
Yes, I brought him the package.

Haben Sie ihnen das Geld gesandt?
Did you send them the money?
Ja, ich habe ihnen das Geld gesandt.
Yes, I sent them the money.

es mir, it to me   **das Buch,** the book
es Ihnen, it to you
haben Sie gebracht? did you bring?
hat er gebracht? did he bring?

Hat er Ihnen das Paket gebracht? Did he bring the
    package to you? (Has he to you the package
    brought?)
Er hat es mir gebracht. He brought it to me. (He has
    it to me brought.)

Hat er Ihnen das Paket gebracht?
Ja, er hat es mir gebracht.

Hat er Ihnen das Buch gebracht?
Ja, er hat es mir gebracht.

Hat er Ihnen das Radio gebracht?
Ja, er hat es mir gebracht.

Hat er es Ihnen gebracht?
Ja, er hat es mir gebracht.

Er hat es mir heute gebracht.
He brought it to me today.
Ich habe es Ihnen heute gebracht.
I brought it to you today.
Er hat es mir gestern gebracht.
He brought it to me yesterday.
Ich habe es Ihnen gestern gebracht.
I brought it to you yesterday.

es ihm, it to him   **ein Geschenk,** a present
es ihr, it to her   **das Geld,** the money
haben Sie gegeben? did   **das Fahrrad,** the bicycle
     you give?
hat er gegeben? did he give?
Haben Sie ihr ein Geschenk gegeben? Did you give
     her a present? (Have you to her a present given?)
Ich habe es ihr gegeben. I gave it to her. (I have it
     to her given.)

Haben Sie ihr ein Geschenk gegeben?
Ja, ich habe es ihr gegeben.

Haben Sie ihr das Geld gegeben?
Ja, ich habe es ihr gegeben.

Haben Sie ihm das Fahrrad gegeben?
Ja, ich habe es ihm gegeben.

     Hat er ihr das Radio gegeben?
     Did he give her the radio?
     Ja, er hat es ihr gegeben.
     Yes, he gave it to her.

     Hat er ihr das Geld gegeben?
     Did he give her the money?
     Ja, er hat es ihr gegeben.
     Yes, he gave it to her.

     Hat er ihr das Geschenk gegeben?
     Did he give her the present?
     Ja, er hat es ihr gegeben.
     Yes, he gave it to her.

es ihnen, it to them
hat sie gebracht? did she bring?
hat er gebracht? did he bring?

das Obst, the fruit
das Geld, the money
das Geschenk, the present
es uns, it to us

Hat sie ihnen das Obst gebracht? Did she bring them the fruit? (Has she to them the fruit brought?)
Sie hat es ihnen gebracht. She brought it to them. (She has it to them brought.)

Hat sie ihnen das Obst gebracht?
Ja, sie hat es ihnen gebracht.

Hat sie uns ein Radio gebracht?
Ja, sie hat es uns gebracht.

Hat sie ihnen das Geld gebracht?
Ja, sie hat es ihnen gebracht.

Hat sie ihnen das Buch gebracht?
Ja, sie hat es ihnen gebracht.

Hat er uns das Geschenk gegeben?
Did he give us the present?
Ja, er hat uns das Geschenk gegeben.
Yes, he gave us the present.

Hat er uns das Obst gegeben?
Did he give us the fruit?
Ja, er hat uns das Obst gegeben.
Yes, he gave us the fruit.

sie ihm, them to him   **die Platten,** the records
sie ihr, them to her   **die Blusen,** the blouses
haben Sie gesandt? did   **die Bücher,** the books
  you send?

Haben Sie ihr die Blumen gesandt? Did you send her
  the flowers? (Have you to her the flowers sent?)

Ich habe sie ihr gesandt. I sent them to her. (I have
  them to her sent.)

Haben Sie ihr die Blumen gesandt?
Ja, ich habe sie ihr gesandt.

Haben Sie ihm die Bücher gesandt?
Ja, ich habe sie ihm gesandt.

Haben Sie ihm die Platten gesandt?
Ja, ich habe ihm die Platten gesandt.

Hat er ihr die Blusen gesandt?
Ja, er hat sie ihr gesandt.

Hat er ihr die Blumen gesandt?
Did he send her the flowers?
Ja, er hat sie ihr gesandt.
Yes, he sent them to her.

Hat er ihr die Platten gesandt?
Did he send her the records?
Ja, er hat ihr die Platten gesandt.
Yes, he sent her the records.

APPENDIX

I. IM RESTAURANT (IN THE RESTAURANT)

das Restaurant, the restaurant
der Kellner, the waiter
die Kellnerin, the waitress
die Mahlzeit, the meal
das Frühstück, breakfast
das Mittagessen, lunch, dinner
das Abendessen, supper
der Zucker, sugar
die Butter, butter
das Salz, salt
der Pfeffer, pepper
das Brot, bread
der Toast, toast
das Brötchen, roll
die Semmel, roll
der Kaffee, coffee
die Marmelade, marmalade
das Tischtuch, the tablecloth
die Serviette, the napkin
das Öl, oil
der Essig, vinegar
das Wasser, water
die Eier, eggs
Rühreier, scrambled eggs
verlorene Eier, poached eggs
gekochtes Ei, boiled egg
weich gekochtes Ei, soft boiled egg
hart gekochtes Ei, hard boiled egg
Spiegeleier, fried eggs
das Omelett, omelet

Apfelsinensaft, orange juice
Tomatensaft, tomato juice
Ananassaft, pineapple juice
der Speck, bacon
der Schinken, ham
der Honig, honey
die Suppe, soup
Nudeln, noodles
belegtes Butterbrot, sandwich
der Salat, salad, lettuce
das Fleisch, meat
der Fisch, fish
das Beefsteak, beef steak
das Rindfleisch, beef
der Rinderbraten, roast beef
das Rindergulasch, beef stew
das Huhn, chicken
der Braten, roast
der Hühnerbraten, roast chicken
das Kalbfleisch, veal
der Kalbsbraten, roast veal
der Schweinebraten, roast pork
der Hammelbraten, roast lamb
das Kotelett, cutlet
der Spinat, spinach
grüne Erbsen, peas
grüne Bohnen, string beans
Bohnen, beans
gelbe Rüben, carrots
Karotten, carrots
Tomaten, tomatoes
Radieschen, radishes
Kartoffeln, potatoes
gebratene Kartoffeln, fried potatoes
Kartoffelbrei, mashed potatoes
Spargel, asparagus

Zwiebel, onions
Blumenkohl, cauliflower
Kopfsalat, lettuce
Knoblauch, garlic
Fischspeisen, sea food
der Nachtisch, dessert
Gefrorenes, ice cream
das Eis, ice cream
Vanilleneis, vanilla ice cream
Schokoladeneis, chocolate ice cream
die Torte, layer cake, tart
der Kuchen, cake
der Tee, tea
der Kakao, hot chocolate
Früchte, fruit
das Obst, fruit
ein Apfel, an apple
eine Birne, a pear
eine Apfelsine, an orange
ein Pfirsich, a peach
Wassermelone, watermelon
eine Aprikose, an apricot
eine Banane, a banana
Kirschen, cherries
Erdbeeren, strawberries
Pflaumen, plums
Ananas, pineapple
die Zitrone, lemon
Limonade, lemonade
Trauben, grapes
ein Glas Milch, a glass of milk
eine Tasse Kaffee, a cup of coffee
eine Tasse Tee, a cup of tea
ein Glas Wasser, a glass of water
Sahne, cream
ein Messer, a knife

ein Löffel, a spoon
ein Teelöffel, a teaspoon
eine Gabel, a fork
ein Teller, a plate
eine Untertasse, a saucer
das Trinkgeld, the tip
die Speisekarte, the menu
die Vorspeise, hors d'oeuvre
die Rechnung, bitte, the check, please

II. IM HOTEL (IN THE HOTEL)

der Portier, doorman
der Page, bellboy
der Gepäckträger, the porter
der Schlüssel, the key
die Post, the mail
die Unterschrift, the signature
das Gepäck, the baggage
der Handkoffer, the suitcase
der Reisekoffer, the trunk
die Aktentasche, the briefcase
das Zimmer, the room
ein Einzelzimmer, a single room
ein Doppelzimmer, a double room
ein Zimmer mit Bad, a room with bath
die Empfangshalle, lobby
der Speisesaal, the dining room
der Kellner, the waiter
der Oberkellner, the head waiter
die Bedienung, service
die Seife, the soap
Seife, bitte, soap, please
ein Handtuch, a towel
eine Decke, a blanket

der Fahrstuhl, the elevator
das Rauchzimmer, the smoking room
das Schreibzimmer, the writing room
die Zeitung, the newspaper
die Zeitschrift, the magazine
bestellen, to order
das Formular, form, blank
ausfüllen, to fill out

III. EINKÄUFE (IN THE STORES AND SHOPS)

die Bäckerei, the bakery
der Kolonialwarenladen, the grocery store
das Feinkostgeschäft, the delicatessen
das Milchgeschäft, the dairy
der Markt, the market
der Fleischerladen, the butcher shop
die Apotheke, the pharmacy
die Drogerie, the drug store
der Laden, the shop, the store
das Geschäft, the business, shop
das Warenhaus, the department store
die Schneiderin, the seamstress
der Schneider, the tailor
das Schuhgeschäft, the shoe shop
der Friseur, the barber
die Friseurin, the hairdresser
die Eisenwarenhandlung, the hardware store
die Schreibwarenhandlung, the stationery store
die Zigarrenhandlung, the cigar store, the tobacconist
die Buchhandlung, the bookstore
die Wäscherei, the laundry
die Reinigungsanstalt, the cleaners

IV DIE ZAHLEN (THE NUMBERS)

0	null	31	einunddreissig
1	eins	32	zweiunddreissig
2	zwei	40	vierzig
3	drei	41	einundvierzig
4	vier	42	zweiundvierzig
5	fünf	50	fünfzig
6	sechs	51	einundfünfzig
7	sieben	60	sechzig
8	acht	61	einundsechzig
9	neun	70	siebzig
10	zehn	71	einundsiebzig
11	elf	80	achtzig
12	zwölf	81	einundachtzig
13	dreizehn	90	neunzig
14	vierzehn	91	einundneunzig
15	fünfzehn	100	hundert
16	sechzehn	101	hunderteins
17	siebzehn	102	hundertzwei
18	achtzehn	103	hundertdrei
19	neunzehn	104	hundertvier
20	zwanzig	150	hundertfünfzig
21	einundzwanzig	175	hundertfünfund- siebzig
22	zweiundzwanzig		
23	dreiundzwanzig	200	zweihundert
24	vierundzwanzig	300	dreihundert
25	fünfundzwanzig	400	vierhundert
26	sechsundzwanzig	500	fünfhundert
27	siebenundzwanzig	600	sechshundert
28	achtundzwanzig	700	siebenhundert
29	neunundzwanzig	800	achthundert
30	dreissig	900	neunhundert
		1000	tausend

erste, first   fünfte, fifth

zweite, second   halb, die Hälfte, half

dritte, third   ein Drittel, a third

vierte, fourth   anderthalb, one and a half

V. DIE FAMILIE (THE MEMBERS OF THE FAMILY)

die Familie, the family

mein Grossvater, my grandfather	**meine Grossmutter,** my grandmother
mein Vetter, my cousin (man)	**meine Base,** my cousin (woman)
mein Schwiegervater, my father-in-law	**meine Schwiegermutter,** my mother-in-law
mein Onkel, my uncle	**meine Tante,** my aunt
mein Schwager, my brother-in-law	**meine Schwägerin,** my sister-in-law
mein Schwiegersohn, my son-in-law	**meine Schwiegertochter,** my daughter-in-law
mein Neffe, my nephew	**meine Nichte,** my niece
mein Enkel, my grandson	**meine Enkelin,** my granddaughter
mein Vater, my father	**meine Mutter,** my mother
mein Sohn, my son	**meine Tochter,** my daughter
mein Mann, my husband	**meine Frau,** my wife
mein Bruder, my brother	**meine Schwester,** my sister
meine Eltern, my parents	**meine Verwandten,** my relatives

VI. DIE FARBEN (THE COLORS)

weiss, white   grün, green
schwarz, black   braun, brown
gelb, yellow   grau, grey
rot, red   violett, violet
blau, blue   rosa, pink

purpur, purple

VII. DIE TAGE DER WOCHE
(THE DAYS OF THE WEEK)

Sonntag, Sunday   Donnerstag, Thursday
Montag, Monday   Freitag, Friday
Dienstag, Tuesday   Sonnabend, Saturday
Mittwoch, Wednesday   Samstag, Saturday

VIII. DIE MONATE DES JAHRES
(THE MONTHS OF THE YEAR)

Januar, January   Juli, July
Februar, February   August, August
März, March   September, September
April, April   Oktober, October
Mai, May   November, November
Juni, June   Dezember, December

IX. DIE JAHRESZEITEN (THE SEASONS)

der Frühling, spring   der Herbst, fall

der Sommer, summer   der Winter, winter

der Kopf, the head

das Gesicht, the face

die Nase, the nose

die Augen, the eyes

die Ohren, the ears

der Mund, the mouth

das Kinn, the chin

die Wangen, the cheeks

die Stirne, the forehead

die Augenbrauen, the eyebrows

die Wimpern, the eyelashes

die Augenlider, the eyelids

die Zähne, the teeth

die Zunge, the tongue

das Haar, the hair

der Schnurrbart, the mustache

der Bart, the beard

der Hals, the throat

der Nacken, the neck

die Schultern, the shoulders

die Arme, the arms

die Ellbogen, the elbows

das Handgelenk, the wrist

die Hand, the hand

die Hände, the hands

der Finger, the finger

die Finger, the fingers

die Fingernägel, the finger nails

der Rücken, the back

der Magen, the stomach

die Brust, the chest, the bosom

die Taille, the waist

die Hüften, the hips

die Beine, the legs

das Knie, the knee

die Kniee, the knees

der Fussknöchel, the ankle

der Fuss, the foot

die Füsse, the feet

die Zehen, the toes

VERB CONJUGATIONS

REGULAR VERBS

Example: leben, to live

PRESENT	EXAMPLE
Remove EN and add:	**ich lebe,** I live
	Sie leben, you live
	er, sie, es lebt, he, she, it lives
	wir leben, we live
	Sie leben, you (pl.) live
	sie leben, they live

E	EN
EN	EN
T	EN

ich lebe, I live
Sie leben, you live
er, sie, es lebt, he, she, it lives
wir leben, we live
Sie leben, you (pl.) live
sie leben, they live
The above verb also means "I am living, you are living," etc.

PAST	EXAMPLE

Remove EN and put GE before the verb and T after it: GELEBT. Conjugate the verb with HABEN.

ich habe	wir haben
Sie haben	Sie haben
er, sie, es hat	sie haben

ich habe gelebt, I lived
Sie haben gelebt, you lived
er hat gelebt, he lived
sie hat gelebt, she lived
es hat gelebt, it lived
wir haben gelebt, we lived
Sie haben gelebt, you (pl.) lived
sie haben gelebt, they lived
The above verb also means "I have lived, you have lived," etc.

FUTURE

Conjugate the infinitive with the following verb:

ich werde	wir werden
Sie werden	Sie werden
er, sie, es wird	sie werden

EXAMPLE

ich werde leben, I'll live
Sie werden leben, you'll live
er, sie, es wird leben, he, she, it will live
wir werden leben, we'll live
Sie werden leben, you'll (pl.) live
sie werden leben, they'll live

IMPERFECT

Remove EN and add:

TE	TEN
TEN	TEN
TE	TEN

EXAMPLE

ich lebte, I lived
Sie lebten, you lived
er, sie, es lebte, he, she, it lived
wir lebten, we lived
Sie lebten, you (pl.) lived
sie lebten, they lived

CONDITIONAL

Conjugate the infinitive with the following verb:

ich würde	wir würden
Sie würden	Sie würden
er, sie, es würde	sie würden

EXAMPLE

ich würde leben, I would live
Sie würden leben, you would live
er, sie, es würde leben, he, she, it would live
wir würden leben, we would live
Sie würden leben, you (pl.) would live
sie würden leben, they would live

PRESENT SUBJUNCTIVE

Remove EN and add:

E	EN
EN	EN
E	EN

EXAMPLE

ich lebe, that I live
Sie leben, that you live
er, sie, es lebe, that he, she, it lives
wir leben, that we live
Sie leben, that you (pl.) live
sie leben, that they live

PAST SUBJUNCTIVE

Remove EN and add:

TE	TEN
TEN	TEN
TE	TEN

EXAMPLE

ich lebte, that I lived
Sie lebten, that you lived
er, sie, es lebte, that he, she, it lived
wir lebten, that we lived
Sie lebten, that you (pl.) lived
sie lebten, that they lived

COMMAND

The command is the same as the infinitive followed by the pronoun "Sie."

EXAMPLE

Leben Sie! live!

LIST OF REGULAR VERBS

danken, to thank
dienen, to serve
fassen, to hold, grasp
fehlen, to lack, to be missing
fragen, to ask
führen, to lead
glauben, to believe

grüssen, to greet
heilen, to cure
herrschen, to rule
hoffen, to hope
hören, to hear
kämmen, to comb
kämpfen, to fight
kaufen, to buy

klopfen, to knock
kochen, to cook
küssen, to kiss
lachen, to laugh
leben, to live
legen, to put
lehren, to teach
lernen, to learn
lieben, to love
loben, to praise
machen, to make, to do
malen, to paint
meinen, to mean, say
merken, to notice
pflanzen, to plant
planen, to plan
rauchen, to smoke
reisen, to travel
rücken, to move
ruhen, to rest

sagen, to say
schauen, to look
schenken, to give (as a present)
schicken, to send
schimpfen, to scold
siegen, to win
sparen, to save
spielen, to play
staunen, to be amazed
stellen, to put
stören, to disturb
suchen, to look for, seek
tanzen, to dance
wählen, to vote, to choose
weinen, to cry
wohnen, to live, reside
wünschen, to wish
zählen, to count
zeigen, to show

LIST OF VERBS WITH AN IRREGULAR PAST

beginnen
to begin

ich habe begonnen
I began

beissen
to bite

ich habe gebissen
I bit

beschliessen
to decide

ich habe beschlossen
I decided

besuchen
to visit

ich habe besucht
I visited

biegen
to bend

ich habe gebogen
I bent

binden to bind	**ich habe gebunden** I bound
bitten to ask	**ich habe gebeten** I asked
brechen to break	**ich habe gebrochen** I broke
empfehlen to recommend	**ich habe empfohlen** I recommended
erschrecken to frighten	**ich habe erschrocken** I frightened
essen to eat	**ich habe gegessen** I ate
finden to find	**ich habe gefunden** I found
frieren to freeze	**ich habe gefroren** I froze
gewinnen to win	**ich habe gewonnen** I won
giessen to pour	**ich habe gegossen** I poured
greifen to grasp	**ich habe gegriffen** I grasped
helfen to help	**ich habe geholfen** I helped
klingen to sound	**ich habe geklungen** I sounded
leiden to suffer	**ich habe gelitten** I suffered

liegen	**ich habe gelegen**
to lie, recline	I lied, reclined
lügen	**ich habe gelogen**
to (tell a) lie	I lied
nehmen	**ich habe genommen**
to take	I took
pfeifen	**ich habe gepfiffen**
to whistle	I whistled
reissen	**ich habe gerissen**
to tear	I tore
riechen	**ich habe gerochen**
to smell	I smelled
scheinen	**es hat geschienen**
to shine, seem	it shone, seemed
schliessen	**ich habe geschlossen**
to shut	I shut
schneiden	**ich habe geschnitten**
to cut	I cut
schreiben	**ich habe geschrieben**
to write	I wrote
schreien	**ich habe geschrieen**
to cry	I cried
schweigen	**ich habe geschwiegen**
to be silent	I was silent
schwingen	**ich habe geschwungen**
to swing	I swung
singen	**ich habe gesungen**
to sing	I sang

sitzen to sit	**ich habe gesessen** I sat
sprechen to speak	**ich habe gesprochen** I spoke
stechen to prick	**ich habe gestochen** I pricked
stehen to stand	**ich habe gestanden** I stood
stehlen to steal	**ich habe gestohlen** I stole
streiten to quarrel	**ich habe gestritten** I quarreled
studieren to study	**ich habe studiert** I studied
treffen to meet	**ich habe getroffen** I met
trinken to drink	**ich habe getrunken** I drank
tun to do	**ich habe getan** I did
verbergen to hide	**ich habe verborgen** I hid
verderben to spoil	**ich habe verdorben** I spoiled
vergessen to forget	**ich habe vergessen** I forgot
verkaufen to sell	**ich habe verkauft** I sold

verlangen	**ich habe verlangt**
to demand	I demanded
verlassen	**ich habe verlassen**
to leave	I left
verlieren	**ich habe verloren**
to lose	I lost
verstecken	**ich habe versteckt**
to hide	I hid
verstehen	**ich habe verstanden**
to understand	I understood
versuchen	**ich habe versucht**
to try	I tried
verzeihen	**ich habe verziehen**
to forgive	I forgave
werfen	**ich habe geworfen**
to throw	I threw
wiegen	**ich habe gewogen**
to weigh	I weighed
zerbrechen	**ich habe zerbrochen**
to break	I broke
zerstören	**ich habe zerstört**
to destroy	I destroyed
ziehen	**ich habe gezogen**
to pull	I pulled
zwingen	**ich habe gezwungen**
to force	I forced

LIST OF VERBS WITH AN IRREGULAR PRESENT

In the following verbs the third person singular of the present tense is irregular.

arbeiten to work	**er, sie, es arbeitet** he, she, it works
brechen to break	**er, sie, es bricht** he, she, it breaks
empfangen to receive	**er, sie, es empfängt** he, she, it receives
empfehlen to recommend	**er, sie, es empfiehlt** he, she, it recommends
enden to end	**er, sie, es endet** he, she, it ends
erschrecken to frighten	**er, sie, es erschrickt** he, she, it frightens
essen to eat	**er, sie, es isst** he, she, it eats
fahren to drive	**er, sie, es fährt** he, she, it drives
fallen to fall	**er, sie, es fällt** he, she, it falls
fangen to catch	**er, sie, es fängt** he, she, it catches
geben to give	**er, sie, es gibt** he, she, it gives
geschehen to happen	**es geschieht** it happens
halten to hold	**er, sie, es hält** he, she, it holds

heiraten to marry	**er, sie, es heiratet** he, she, it marries
helfen to help	**er, sie, es hilft** he, she, it helps
lassen to let	**er, sie, es lässt** he, she, it lets
laufen to run	**er, sie, es läuft** he, she, it runs
lesen to read	**er, sie, es liest** he, she, it reads
nehmen to take	**er, sie, es nimmt** he, she, it takes
öffnen to open	**er, sie, es öffnet** he, she, it opens
raten to advise	**er, sie, es rät** he, she, it advises
reden to speak	**er, sie, es redet** he, she, it speaks
schlafen to sleep	**er, sie, es schläft** he, she, it sleeps
schlagen to strike	**er, sie, es schlägt** he, she, it strikes
schneiden to cut	**er, sie, es schneidet** he, she, it cuts
sehen to see	**er, sie, es sieht** he, she, it sees
sein to be	**er, sie, es ist** he, she, it is

sprechen to speak	er, sie, es spricht he, she, it speaks
stechen to prick	er, sie, es sticht he, she, it pricks
stehlen to steal	er, sie, es stiehlt he, she, it steals
sterben to die	er, sie, es stirbt he, she, it dies
stossen to push	er, sie, es stösst he, she, it pushes
töten to kill	er, sie, es tötet he, she, it kills
tragen to carry, wear	er, sie, es trägt he, she, it carries, wears
treffen to meet	er, sie, es trifft he, she, it meets
treten to step	er, sie, es tritt he, she, it steps
trocknen to dry	er, sie, es trocknet he, she, it dries
verbergen to hide	er, sie, es verbirgt he, she, it hides
verderben to spoil	er, sie, es verdirbt he, she, it spoils
vergessen to forget	er, sie, es vergisst he, she, it forgets
wachsen to grow	er, sie, es wächst he, she, it grows
warten to wait	er, sie, es wartet he, she, it waits

waschen to wash	**er, sie, es wäscht** he, she, it washes
werden to become	**er, sie, es wird** he, she, it becomes
werfen to throw	**er, sie, es wirft** he, she, it throws

PAST TENSE OF VERBS FORMED WITH "SEIN" (TO BE)

I am	**Ich bin**	**wir sind**	we are
you are	**Sie sind**	**Sie sind**	you are
he is she is it is	**er ist** **sie ist** **es ist**	**sie sind**	they are

bleiben to remain	**ich bin geblieben** I remained
fahren to drive, go	**ich bin gefahren** I drove, went
fallen to fall	**ich bin gefallen** I fell
fliegen to fly	**ich bin geflogen** I flew
geboren to be born	**ich bin geboren** I was born
gehen to go	**ich bin gegangen** I went
gelingen to succeed	**es ist gelungen** it succeeded

geschehen to happen	**es ist geschehen** it happened
kommen to come	**ich bin gekommen** I came
kriechen to creep	**ich bin gekrochen** I crept
laufen to run	**ich bin gelaufen** I ran
reisen to travel	**ich bin gereist** I traveled
reiten to ride	**ich bin geritten** I rode
schwimmen to swim	**ich bin geschwommen** I swam
sein to be	**ich bin gewesen** I was
springen to jump	**ich bin gesprungen** I jumped
steigen to climb, rise	**ich bin gestiegen** I climbed, rose
sterben to die	**ich bin gestorben** I died
treten to step	**ich bin getreten** I stepped
wachsen to grow	**ich bin gewachsen** I grew
werden to become	**ich bin geworden** I became
ziehen to go, move	**ich bin gezogen** I went, moved

REFLEXIVE VERBS

Place the following pronouns after the verbs below

myself	**MICH**	**UNS**	ourselves
yourself, himself	**SICH**	**SICH**	yourselves
herself, itself			themselves

EXAMPLES

ich wasche mich, I wash myself
Sie waschen sich, you wash yourself
er wäscht sich, he washes himself
sie wäscht sich, she washes herself
es wäscht sich, it washes itself
wir waschen uns, we wash ourselves
Sie waschen sich, you wash yourselves
sie waschen sich, they wash themselves

Ich ziehe mich an, I get dressed
wir ziehen uns an, we get dressed

PAST

ich habe mich gewaschen, I washed myself
wir haben uns gewaschen, we washed ourselves

ich habe mich angezogen, I got dressed
wir haben uns angezogen, we got dressed

sich amüsieren, to have a good time
sich ärgern, to be angry
sich beeilen, to hurry
sich befinden, to be, to feel
sich begeben, to go
sich entschuldigen, to apologize
sich erholen, to recover
sich erinnern, to remember
sich erkälten, to catch cold
sich erkundigen, to inquire
sich fragen, to wonder
sich freuen, to be glad
sich fürchten, to be afraid of
sich interessieren, to be interested
sich irren, to be mistaken
sich schämen, to be ashamed
sich verlieben, to fall in love
sich setzen, to sit down
sich verheiraten, to get married
sich verloben, to become engaged
sich waschen, to wash yourself
sich wundern, to be surprised
sich anziehen, to get dressed
sich ausziehen, to get undressed
sich umziehen, to change (clothes)
sich rasieren, to shave
sich wiegen, to weigh yourself
sich umdrehen, to turn around

VERBS WHICH ARE FOLLOWED BY THE INFINITIVE

dürfen, may

PRESENT

Ich darf, I may
Sie dürfen, you may
er, sie, es darf, he, she, it may
wir dürfen, we may
Sie dürfen, you (pl.) may
sie dürfen, they may

PAST

Ich habe gedurft, I was
(have been) permitted

FUTURE

Ich werde dürfen, I will be
permitted

können, can (to be able)

PRESENT

Ich kann, I can
Sie können, you can
er, sie, es kann, he, she, it can
wir können, we can
Sie können, you (pl.) can
sie können, they can

PAST

Ich habe gekonnt, I could
(was able)

FUTURE

Ich werde können, I will be able

mögen, to like to

PRESENT

Ich mag, I like
Sie mögen, you like
er, sie, es mag, he, she, it likes
wir mögen, we like
Sie mögen, you (pl.) like
sie mögen, they like

PAST

Ich habe gemocht, I liked

FUTURE

Ich werde mögen, I will like

müssen, must

PRESENT

Ich muss, I must (have to)
Sie müssen, you must
er, sie, es muss, he, she, it must
wir müssen, we must
Sie müssen, you (pl.) must
sie müssen, they must

PAST

Ich habe gemusst, I (have) had to

FUTURE

Ich werde müssen, I will have to

---

sollen, be to

PRESENT

Ich soll, I am (supposed) to
Sie sollen, you are to
er, sie, es soll, he, she, it is to
wir sollen, we are to
Sie sollen, you (pl.) are to
sie sollen, they are to

PAST

Ich habe gesollt, I (should)
was supposed to

FUTURE

Ich werde sollen, I will have to

---

wollen, to want to

PRESENT

Ich will, I want
Sie wollen, you want
er, sie, es will, he, she, it wants
wir wollen, we want
Sie wollen, you (pl.) want
sie wollen, they want

PAST

Ich habe gewollt, I wanted

FUTURE

Ich werde wollen, I will want

EXAMPLES

PRESENT

Er kann singen. He can sing.
Er soll heute arbeiten. He is supposed to work today.
Er mag jetzt nicht essen. He doesn't like to eat now.

PAST

Ich habe das nicht gewollt. I didn't want this.
Ich habe das nicht tun wollen. I didn't want to do this.
Ich habe das nie gedurft. I was never allowed (to do) that.
Ich habe das nie sagen dürfen. I was never allowed to say that.
Ich habe das nicht gekonnt. I couldn't (do) that.
Ich habe das nicht lesen können. I wasn't able to read that.

IRREGULAR VERB CONJUGATIONS

wissen, to know

PRESENT

Ich weiss, I know
Sie wissen, you know
er, sie, es weiss, he, she, it
knows
wir wissen, we know
Sie wissen, you (pl.) know
sie wissen, they know

PAST

ich habe gewusst,
I knew

FUTURE

ich werde wissen,
I will know

werden, to become

PRESENT

Ich werde, I become
Sie werden, you become
er, sie, es wird, he, she, it
becomes
wir werden, we become
Sie werden, you (pl.) become
sie werden, they become

PAST

ich bin geworden,
I became

FUTURE

ich werde werden,
I will become

sein, to be	haben, to have

IMPERFECT	IMPERFECT
ich war, I was	ich hatte, I had
Sie waren, you were	Sie hatten, you had
er, sie, es war, he, she, it was	er, sie, es hatte, he, she, it had
wir waren, we were	wir hatten, we had
Sie waren, you (pl.) were	Sie hatten, you (pl.) had
sie waren, they were	sie hatten, they had

VERBS WHICH ARE USED IN COMBINATION WITH PREPOSITIONS

EXAMPLE

aufstehen, to get up

PRESENT

ich stehe auf, I get up
Sie stehen auf, you get up
er, sie, es steht auf; he she, it gets up
wir stehen auf, we get up
Sie stehen auf, you (pl.) get up
sie stehen auf, they get up

PAST

ich bin aufgestanden, I got up
Sie sind aufgestanden, you got up
er, sie, es ist aufgestanden, he, she, it got up
wir sind aufgestanden, we got up
Sie sind aufgestanden, you (pl.) got up
sie sind aufgestanden, they got up

FUTURE

ich werde aufstehen, I will get up
Sie werden aufstehen, you will get up
er, sie, es wird aufstehen, he, she, it will get up

wir werden aufstehen, we will get up
Sie werden aufstehen, you (pl.) will get up
sie werden aufstehen, they will get up

COMMAND

Stehen Sie auf! Get up!

LIST OF VERBS WHICH ARE USED IN COMBINATION
WITH PREPOSITIONS

In conjugating these verbs, follow the example above.

abfahren, to depart
absteigen, to descend
ankommen, to arrive
aufstehen, to get up
aufwachen, to wake up
aufwachsen, to grow up
ausgehen, to go out
aussteigen, to get out, off
ausziehen, to move out
einschlafen, to fall asleep
einsteigen, to step, get in
eintreten, to enter, stop in
einziehen, to move in
hereinkommen, to come in
nachlaufen, to run after
umziehen, to change one's dwelling
vorausgehen, to go before
vorbeigehen, to pass by
vorkommen, to occur
zurückbleiben, to remain behind
zurückkehren, to return

EXAMPLE

zuhören, to listen

PRESENT

Ich höre zu, I listen
Sie hören zu, you listen
er, sie, es hört zu, he, she, it listens
wir hören zu, we listen
Sie hören zu, you (pl.) listen
sie hören zu, they listen

PAST

Ich habe zugehört, I listened
Sie haben zugehört, you listened
er, sie, es hat zugehört, he, she, it listened
wir haben zugehört, we listened
Sie haben zugehört, you (pl.) listened
sie haben zugehört, they listened

FUTURE

Ich werde zuhören, I will listen
Sie werden zuhören, you will listen
er, sie, es wird zuhören, he, she, it will listen
wir werden zuhören, we will listen
Sie werden zuhören, you (pl.) will listen
sie werden zuhören, they will listen

COMMAND

Hören Sie zu! Listen!

In conjugating these verbs, follow the examples above.

abgeben, to deliver
abholen, to call for
ablehnen, to reject
abreissen, to tear off
abschneiden, to cut off
anbinden, to tie on
anfangen, to begin
angreifen, to attack
anhören, to listen to
annehmen, to assume, accept
ansehen, to look at
anwenden, to apply
anzünden, to light
aufbauen, to build (up)
aufführen, to perform
aufgeben, to give up
aufhören, to stop
aufmachen, to open
aufnehmen, to take up, absorb
aufpassen, to pay atteention to
aufsehen, to look up

aufschliessen, to open
ausdrehen, to turn off
ausgeben, to spend (money)
aushalten, to endure
auslachen, to laugh at
auslassen, to omit
ausruhen, to rest
ausschliessen, to exclude
aussehen, to look like
aussprechen, to express
einkaufen, to purchase
einladen, to invite
herausbringen, to publish
herausgeben, to edit
herstellen, to prepare
nachdenken, to reflect
wegnehmen, to take away
zuhören, to listen
zurückrufen, to call back
zurückziehen, to withdraw
zuschliessen, to close

EXAMPLES

Ich sehe das Bild an. I am looking at the picture.
Ich mache den Koffer auf. I am opening the suitcase.
Ich gebe viel Geld aus. I am spending much money.
Ich habe das Bild angesehen. I looked at the picture.
Ich habe den Koffer aufgemacht. I opened the suitcase.
Ich habe viel Geld ausgegeben. I spent much money.
Ich komme mit dem Flugzeug an. I am arriving by airplane.
Ich ziehe in ein neues Haus ein. I am moving into a new house.
Ich fahre um acht Uhr ab. I am leaving at eight o'clock.
Ich bin mit dem Flugzeug angekommen. I arrived by airplane.
Ich bin in ein neues Haus eingezogen. I moved into a new house.

German-English Vocabulary

A

Abend, m. evening

Abendessen, n. dinner, supper
   zum Abendessen, for dinner

Abendkleid, n. evening gown

abgehen, to leave, depart

acht, eight

Adresse, f. address

Aktentasche, f. briefcase

allein, alone

alles, everything

alt, old

amerikanisch, American

Ananas, f. pineapple

Ananassaft, m. pineapple juice

anderthalb, one and a half

ankommen, to arrive

anrufen, to call (telephone)
   er ruft an, he calls

Anzug, m. suit

Apfel, m. apple

Apfelsine, f. orange

Apfelsinensaft, m. orange juice

Apotheke, f. pharmacy

Aprikose, f. apricot

April, m. April

arbeiten, to work
   ich habe gearbeitet, I worked

Arme, m. pl. arms

Atmosphäre, f. atmosphere

auch, also, too

auf, on

Augen, n. pl. eyes

Augenbrauen, f. pl. eyebrows

Augenlider, n. pl. eyelids

August, m. August

ausfüllen, to fill out

ausgezeichnet, excellent

Auto, n. car

Autobus, m. bus

B

Bäcker, m. baker

Bäckerei, f. bakery

Badeanzug, m. bathing suit

Badewanne, f. bathtub

Badezimmer, n. bathroom

Bahnhof, m. railroad station

bald, soon

Ball, m. ball

Ballett, n. ballet

Banane, f. banana

Bank, f. bank, bench

Bart, m. beard

Base, f. cousin (woman)

bauen, to build

bedeuten, to mean

Bedienung, f. service

Beefsteak, n. beef steak

Beine, n. pl. legs

bekannt, known

belegtes Butterbrot, n. sandwich

Berge, m. pl. mountains

beschäftigt, busy

besser, better

bestellen, to order
Besuch, m. visit, company
besuchen, to visit
Bett, n. bed
Bibliothek, f. library
Bild, n. picture
Birne, f. pear
bitte, please
blau, blue
bleiben, to stay, remain
   ich bin geblieben, I stayed
   Sie sind geblieben, you stayed
Bleistift, m. pencil
Blumenkohl, m. cauliflower
Bluse, f. blouse
Bohnen, f. pl. beans
   grüne Bohnen, green beans,
     string beans
Boot, n. boat
böse, angry
Braten, m. roast
brauchen, to need
braun, brown
Brause, f. shower
Brief, m. letter
bringen, to bring
   ich habe gebracht, I brought
Brot, n. bread
Brötchen, n. roll
Bruder, m. brother
Brust, f. chest, bosom
Buch, n. book
Buchhandlung, f. book store
Büro, n. office
Butter, f. butter

D

danke, thank you

das, n. the, that
Decke, f. blanket
der, m. the
deutsch, German
Deutschland, n. Germany
Dezember, m. December
die, f. the
Dienstag, m. Tuesday
diese, f. this
Doktor, m. Doctor
Donnerstag, m. Thursday
dort, there
dritte, third
   ein Drittel, n. a third
Drogerie, f. drug store
dürfen, to be allowed
   ich darf, I may
   er darf, he may
   Sie dürfen, you may
Durst, m. thirst

E

Eier, n. pl. eggs
   Rühreier, scrambled eggs
   verlorene Eier, poached eggs
   gekochtes Ei, boiled egg
   weich gekochtes Ei, soft
     boiled egg
   hart gekochtes Ei, hard
     boiled egg
   Spiegeleier, fried eggs
   Setzeier, fried eggs
ein, m. n. a, an
   eine, f. a, an
Einkäufe, m. pl. purchases
   Einkäufe machen, go shopping
   einkaufen, to shop
einladen, to invite

einmal, once, one time
eintreten, to enter
Eis, n. ice cream
  Vanilleneis, vanilla ice cream
  Schokoladeneis, chocolate ice
    cream
Eiscreme, f. ice cream
Eisenwarenhandlung, f.
  hardware store
Elefant, m. elephant
Ellbogen, m. pl. elbows
Eltern, f. pl. parents
Empfangshalle, f. lobby
englisch, English
Enkel, m. grandson
Enkelin, f. granddaughter
entschuldigen, to excuse
  entschuldigen Sie, excuse me
er, he
Erbsen, f. pl. peas
Erdbeeren, f. pl. strawberries
Erkältung, f. cold
erste, first
es, it
Essen, n. food
  essen, to eat
  ich habe gegessen, I ate
Essig, m. vinegar
Esszimmer, n. dining room

F

Fabrik, f. factory
fahren, to drive
Fahrkarte, f. ticket (vehicles)
Fahrrad, n. bicycle
Fahrstuhl, m. elevator
Familie, f. family
fantastisch, fantastic

Farben, f. pl. colors
Februar, m. February
Feder, f. pen
Feinkostgeschäft, n.
  delicatessen
Fenster, n. window
Fernsehapparat, m. television
fertig, ready
Feuer, n. fire, match
Film, m. film
finden, to find
Finger, m. finger
  Finger, fingers
  Fingernägel, finger nails
Fisch, m. fish
  fischen, to fish
Fischspeisen, f. pl. sea food
Flasche, f. bottle
Fleisch, n. meat
Fleischerladen, m. butcher shop
fliegen, to fly
Flugplatz, m. airport
Flugzeug, n. airplane
Formular, n. form, blank
fragen, to ask
Frau, f. wife, woman
  gnädige Frau, Ma'm
Fräulein, n. Miss
freilich, to be sure
Freitag, m. Friday
Friseur, m. barber
  Friseurin, f. hairdresser
froh, glad
Früchte, f. pl. fruit
Fruchtsalat, m. fruit salad
früh, early
Frühling, m. spring

Frühstück, n. breakfast
fühlen, to feel
Füllfeder, f. fountain pen
fünfte, fifth
Fuss, m. foot
    Füsse, feet
Fussknöchel, m. ankle

G

Gabel, f. fork
Garage, f. garage
Garten, m. garden
geben, to give
    es gibt, there is, there are
geboren, born
Gefrorenes, ice cream
gehen, to go
    ich gehe, I go, I am going
    gehen Sie? are you going?
    gehen wir, let's go
    ich bin gegangen, I went
    Sie sind gegangen, you went
gelb, yellow
gelbe Rüben, f. pl. carrots
Geld, n. money
Gemüse, n. vegetable
gemütlich, comfortable, genial,
    charming
genug, enough
Gepäck, n. baggage
Gepäckträger, m. porter
gern, gladly, with pleasure
Geschäft, n. business, shop
Geschenk, n. present
Geschirr, n. dishes
Gesicht, n. face
gestern, yesterday
gesund, healthy, well

gewiss, certainly, of course
Giraffe, m. giraffe
Gitarre, f. guitar
Glas, n. glass
glauben, to believe
glücklich, happy
Golf, n. golf
Grammophon, n. phonograph
grau, grey
gross, big
Grossmutter, f. grandmother
Grossvater, m. grandfather
grün, green
grüne Erbsen, f. pl. peas
grüssen, to greet
gut, good

H

Haar, n. hair
haben, to have
    ich habe, I have
    ich habe recht, I am right
    ich habe gern, I like
halb, half
Hälfte, f. half
Hals, m. throat
Hammelbraten, m. roast lamb
Hand, f. hand
    Hände, hands
Handgelenk, n. wrist
Handkoffer, m. suitcase
Handschuhe, m. pl. gloves
Handtasche, f. purse
Handtuch, n. towel
Haus, n. house
    nach Hause, home
    zu Hause, at home
heiss, hot

heissen, to be called
  ich heisse, my name is
  Sie heissen, your name is
  Wie heissen Sie? What's your name?
helfen, to help
Hemd, n. shirt
Herbst, m. fall
Herr, m. sir, Mr.
heute, today
  heute Morgen, this morning
  heute Abend, tonight
  heute Nacht, tonight
hier, here
hoffen, to hope
Honig, m. honey
hören, to hear
Hotel, n. hotel
Hüften, f. pl. hips
Huhn, n. chicken
Hühnerbraten, m. roast chicken
Hund, m. dog
Hunger, m. hunger
Hut, m. hat

I

ich, I
ihm, him, to him (dat.)
ihn, him (accus.)
ihr, her, to her
  Ihr, your
im, in the, at the
immer, always
in, in
ins, to the
interessant, interesting

J

ja, yes

Jahr, n. year
Jahreszeiten, f. pl. seasons
Januar, m. January
jetzt, now
Juli, m. July
Junge, m. boy
Juni, m. June
Juwelier, m. jewelry shop

K

Kaffee, m. coffee
Kaffeehaus, n. coffee shop
Kakao, m. hot chocolate
Kalbfleisch, n. veal
Kalbsbraten, m. roast veal
kalt, cold
Karotten, f. pl. carrots
Karten, f. pl. cards
Kartoffel, f. potato
  Kartoffeln, potatoes
  gebratene Kartoffeln, fried potatoes
  Kartoffelbrei, m. mashed potatoes
Käse, m. cheese
Katze, f. cat
kaufen, to buy
  ich habe gekauft, I bought
kein, no, not a
Kellner, m. waiter
  Kellnerin, f. waitress
  Oberkellner, m. head waiter
kennen, to know (people)
Kind, n. child
Kinn, n. chin
Kino, n. movies
Kirche, f. church
Kirschen, f. pl. cherries

Klasse, f. class
Klavier, n. piano
Kleid, n. dress
klein, little, small
Klub, m. club
Knie, n. knee
  Kniee, knees
Knoblauch, m. garlic
kochen, to cook
Koffer, m. suitcase
Kolonialwarenladen, m.
  grocery store
kommen, to come
  ich bin gekommen, I came
können, to be able
  ich kann, I can
Konzert, n. concert
Kopf, m. head
Kopfsalat, m. lettuce
Kopfweh, n. headache
Körper, m. body
kosten, to cost
Kotelett, n. cutlet
krank, sick
Krankenhaus, n. hospital
Krawatte, f. necktie
Krug, m. pitcher
Küche, f. kitchen
Kuchen, m. cake
Kuh, f. cow
kühl, cool
Kühlschrank, m. refrigerator
kurz, short
küssen, to kiss

L

lachen, to laugh
Laden, m. store

Lampe, f. lamp
Land, n. country
Landkarte, f. map
lang, long
langsam, slowly
laufen, to run
leben, to live, exist
legen, to put, place
  ich habe gelegt, I put
lehren, to teach
lernen, to learn
lesen, to read
  er liest, he reads
  ich habe gelesen, I read,
  I have read
lieben, to love
Limonade, f. lemonade
Löffel, m. spoon
  Teelöffel, m. teaspoon

M

machen, to make
  ich habe gemacht, I made
Mädchen, n. girl
Magen, m. stomach
Mahlzeit, f. meal
Mai, m. May
malen, to paint
manchmal, sometimes
Mann, m. husband, man
Mantel, m. coat
Markt, m. market
Marmelade, f. marmalade
März, m. March
Maus, f. mouse
Mechaniker, m. mechanic
mehr, more
mein, my

Messer, n. knife
mich, me (accus.)
mieten, to rent
  ich habe gemietet, I rented
Milch, f. milk
Milchgeschäft, n. dairy
Minute, f. minute
mir, me, to me (dat.)
mit, with
Mittagessen, n. lunch, dinner
Mittwoch, m. Wednesday
mögen, to like, wish
  ich möchte, I would like
  Sie möchten, you would like
  er möchte, he would like
Monat, m. month
Mond, m. moon
Montag, m. Monday
Morgen, m. morning
  morgen, tomorrow
Motorboot, n. motorboat
müde, tired
Mund, m. mouth
Museum, n. museum
Musik, f. music
müssen, to have to
  ich muss, I must
  Sie müssen, you must
  er muss, he must
Mutter, f. mother

N

nachher, afterwards
Nachtisch, m. dessert
Nachttisch, m. night table
Nacken, m. neck
nähen, to sew
Nase, f. nose

natürlich, naturally
Neffe, m. nephew
nehmen, to take
  er nimmt, he takes
  ich habe genommen, I took
nein, no
Nelke, f. carnation
neun, nine
nicht, not
Nichte, f. niece
nichts, nothing
nie, never
  niemals, never
November, m. November
Nudeln, f. pl. noodles
nur, only

O

Obst, n. fruit
Ofen, m. stove
öffnen, to open
oft, often
ohne, without
Ohren, n. pl. ears
Oktober, m. October
Öl, n. oil
Omelett, n. omelet
Onkel, m. uncle
Opernhaus, n. opera house

P

Paar, n. pair
Page, m. bell boy
Paket, n. package
Park, m. park
Pension, f. boarding house
Pfanne, f. frying pan
Pfeffer, m. pepper
Pfefferstreuer, m. pepper shaker

Pfeife, f. pipe
Pfennig, m. penny
Pferd, n. horse
Pfirsich, m. peach
Pflaumen, f. pl. plums
Platte, f. record
Portier, m. doorman
Post, f. mail
Postkarte, f. postcard
Präsident, m. president
Professor, m. professor
Programm, n. program
Pullover, m. sweater
pünktlich, on time, punctually
purpur, purple

R

Radieschen, n. pl. radishes
Radio, n. radio
Rechnung, f. check
Regenmantel, m. raincoat
regnen, to rain
  es regnet, it's raining
Reinigungsanstalt, f. cleaners
Reisebüro, n. travel agency
Reisekoffer, m. trunk
reisen, to travel
Restaurant, n. restaurant
Rinderbraten, m. roast beef
Rindergulasch, n. beef stew
Rindfleisch, n. beef
Ring, m. ring
Rock, m. skirt
Roman, m. novel
rosa, pink
Rose, f. rose
Rostbraten, m. roast beef
rot, red

Rücken, m. back
rufen, to call

S

sagen, to say
Sahne, f. cream
Salat, m. salad, lettuce
Salz, n. salt
Salzstreuer, m. salt shaker
Sardine, f. sardine
Sätze, m. pl. sentences
sauber, clean
Schal, m. scarf
Scheck, m. check
Schiff, n. ship
Schinken, m. ham
Schirm, m. umbrella
schlafen, to sleep
Schlafzimmer, n. bedroom
schlecht, bad
schliessen, to close
Schlüssel, m. key
schmutzig, dirty
Schneider, m. tailor
  Schneiderin, f. seamstress
schneien, to snow
  es schneit, it's snowing
schnell, fast
Schnurrbart, m. mustache
Schokolade, f. chocolate
schon, already
schön, pretty
schrecklich, terrible
schreiben, to write
  ich habe geschrieben, I wrote
Schreibmaschine, f. typewriter
Schreibwarenhandlung, f.
  stationery store

Schuhe, m. pl. shoes
Schuhgeschäft, n. shoe shop
Schuhmacher, m. shoe repair shop
Schule, f. school
Schultern, f. pl. shoulders
Schwager, m. brother-in-law
Schwägerin, f. sister-in-law
schwarz, black
Schweinebraten, m. roast pork
Schwester, f. sister
Schwiegermutter, f. mother-in-law
Schwiegersohn, m. son-in-law
Schwiegertochter, f. daughter-in-law
Schwiegervater, m. father-in-law
Schwimmbecken, n. swimming pool
schwimmen, to swim
See, m. lake
sehen, to see
   ich habe gesehen, I saw
sehr, very
Seife, f. soap
sein, his
sein, to be
   ich bin, I am
   er ist, he is
   Sie sind, you are
   ich war, I was
   Sie waren, you were
   ich bin gewesen, I was
Semmel, f. roll
senden, to send
September, m. September
Serviette, f. napkin

Sessel, m. armchair
sicher, sure, surely
sie, she, her, it, they, them
Sie, you (sing. pl.)
sieben, seven
singen, to sing
   ich habe gesungen, I sang
sitzen, to sit
Socken, f. pl. socks
Sofa, n. sofa
Sohn, m. son
Sommer, m. summer
Sonnabend, m. Saturday
   Samstag, m. Saturday
Sonne, f. sun
Sonntag, m. Sunday
Spargel, m. asparagus
spät, late
Speck, m. bacon
Speisekarte, f. menu
Speisesaal, m. dining room
spielen, to play
   ich habe gespielt, I played
Spinat, m. spinach
Sport, m. sport
sprechen, to speak
springen, to jump
Stadt, f. city
stellen, to put, place
   ich habe gestellt, I put
Stern, m. star
Stirne, f. forehead
Strand, m. beach
Strümpfe, m. pl. stockings
studieren, to study
   ich habe studiert, I studied
Stuhl, m. chair

Stunde, f. hour
Suppe, f. soup

T

Tag, m. day
Taille, f. waist
Tante, f. aunt
tanzen, to dance
Tasse, f. cup
Taxi, n. taxi
Tee, m. tea
Telephon, n. telephone
    am Telephon, on the phone
Teller, m. plate
Tennis, n. tennis
Terrasse, f. terrace
teuer, expensive
Theater, n. theater
Theaterstück, n. play
Tier, n. animal
Tiger, m. tiger
Tisch, m. table
Tischtuch, n. tablecloth
Toast, m. toast
Tochter, f. daughter
Tomate, f. tomato
    Tomaten, tomatoes
    Tomatensaft, m. tomato juice
Topf, m. pot
Torte, f. layer cake, tart
Tourist, m. tourist
tragen, to carry, wear
Trauben, f. pl. grapes
träumen, to dream
trinken, to drink
    ich habe getrunken, I drank
Trinkgeld, n. tip
Tulpe, f. tulip

tun, to do
Tür, f. door

U

Uhr, f. clock, watch
und, and
uns, us
unter, under
unterschreiben, to sign
Unterschrift, f. signature
Untertasse, f. saucer

V

Vater, m. father
Veilchen, n. violet
Verabredung, f. appointment
verdienen, to earn
verkaufen, to sell
    ich habe verkauft, I sold
verlangen, to ask
verstecken, to hide
verstehen, to understand
versuchen, to try
Verwandten, m. pl. relatives
Vetter, m. cousin (man)
viel, much, a lot
vielleicht, maybe, perhaps
vielmals, many times
vierte, fourth
vierzehn, fourteen
violett, violet
Violine, f. violin
von, from
Vorspeise, f. hors d'oeuvre
vorstellen, to introduce

W

wahrscheinlich, probably
Walzer, m. waltz
Wangen, f. pl. cheeks

wann, when (at what time)
Warenhaus, n. department store
warm, warm
was, what
waschen, to wash
Wäscherei, f. laundry
Wasser, n. water
Wassermelone, f. watermelon
wechseln, to change
weggehen, to leave
weinen, to cry
weiss, white
weniger, less
werden, to become
  ich bin geworden, I became
Wetter, n. weather
wichtig, important
wie, how
wieder, again
Wien, Vienna
wieviel, how much
Wimpern, f. pl. eyelashes
windig, windy
Winter, m. winter
wir, we
wirklich, really
wissen, to know (facts)
wo, where
Woche, f. week
wohnen, to live
Wohnung, f. apartment
Wohnzimmer, n. living room
wollen, to want
  ich will, I want
  Sie wollen, you want

ich wollte, I wanted
wunderbar, wonderful
wunderschön, beautiful
wünschen, to wish

Z

zahlen, to pay
Zahlen, f. pl. numbers
Zähne, m. pl. teeth
Zehen, f. pl. toes
Zeit, f. time
Zeitschrift, f. magazine
Zeitung, f. newspaper
Zigarette, f. cigarette
Zigarrenhandlung, f. cigar
  store, tobacconist
Zimmer, n. room
  Einzelzimmer, n. single room
  Doppelzimmer, n. double
    room
  ein Zimmer mit Bad, a room
    with bath
  Rauchzimmer, n. smoking
    room
  Schreibzimmer, n. writing
    room
Zirkus, m. circus
Zitrone, f. lemon
Zucker, m. sugar
Zug, m. train
Zunge, f. tongue
zurückkommen, to return
zweifeln, to doubt
zweimal, twice, two times
zweite, second
Zwiebel, f. onion